Baptismus-Dokumentation 3

Schuldbekenntnisse aus dem Bund Ev.-Freikirchlicher Gemeinden und anderen Kirchen in Deutschland nach 1945

Zeugnisse von Schwachheit und Kraft beim Einstehen für die eigene Vergangenheit

Heinz Szobries

Oncken-Archiv Elstal

Baptismus-Dokumentation Band 3
Schriftenreihe
herausgegeben vom Oncken-Archiv
des Bundes Evangelisch-Freikirchlicher Gemeinden in Deutschland K.d.ö.R.

Redaktionelle Bearbeitung:
Reinhard Assmann, Ines Pieper

Johann-Gerhard-Oncken-Str. 5, 14641 Wustermark
Tel. 033234 74-280, onckenarchiv@baptisten.de

2. durchgesehene und ergänzte Auflage 2017

Herstellung und Verlag: BoD – Books on Demand, Norderstedt
ISBN: 978-3-7322-9120-5

Inhalt

Teil 2 *Vergleichstexte aus anderen Kirchen und Freikirchen*

IV. Nachwort

Anhang

Die Freikirchen von der Weimarer Republik zum Dritten Reich (1977)
Baptisten und Zeitgeist (1986)
Erinnerung schafft Zukunft (1989/1990)
Widerstand und (V)Ergebung (1993)
Leben in Widerstand und Anpassung (1998)
Wider das Vergessen (2000)
Verein für Freikirchenforschung
Gemeinden

Vorwort der Herausgeber

Der Autor Heinz Szobries wurde am 2. Dezember 1930 in Berlin geboren. Nach Abitur, Lehrerausbildung und Schuldienst in Berlin studierte er Evangelische Theologie in Berlin, Münster sowie am Theologischen Seminar in Hamburg. Seit 1958 diente er als Pastor des Bundes Evangelisch-Freikirchlicher Gemeinden (BEFG) in den Gemeinden Varel/Oldb., seit 1962 in Bremen, Ziethenstraße und seit 1969 in Berlin-Tempelhof. 1974 bis 1979 folgte Heinz Szobries einer Berufung als freikirchlicher Referent in die Ökumenische Centrale in Frankfurt am Main. Weitere Gemeindedienste in Duisburg, Juliusstraße ab 1979, in Barsinghausen/Goltern ab 1984 und in Wuppertal-Elberfeld ab 1990 schlossen sich an, unterbrochen durch eine Freistellung für die Organisation des Europäischen Baptistischen Kongresses 1983 bis 1984. Seit 1990 lebt er im Ruhestand, zunächst in Hagen, seit 2006 im Diakoniewerk Pilgerheim Weltersbach.

Von den zahlreichen ehrenamtlichen Tätigkeiten seien erwähnt: Mitarbeit im Ökumenischen Rat Berlin, in verschiedenen Landesverbänden des BEFG, Protokollführer und Verhandlungsleiter im Bundesrat des BEFG, Mitwirkung in diversen Bereichen des Bundes, wie z.B. im Arbeitskreis Gemeinde und Weltverantwortung, in der Osteuropahilfe, als langjähriger Delegierter für die Konferenz Europäischer Kirchen, in der Verfassungskommission, im Arbeitskreis Rechtsordnungen des BEFG.

Heinz Szobries ist seit 1953 verheiratet mit Hildegard geb. Lange, sie haben vier Kinder.

Der vorliegende dritte Band der Schriftenreihe Baptismus-Dokumentation hat eine längere Vorgeschichte. Bereits 1995 wurde auf dem BEFG-Bundesrat eine Dokumentation der vorliegenden Schuldbekenntnisse angeregt, aber erst im Jahr 2000 bei Heinz Szobries in Auftrag gegeben.[1] Auf einer Tagung des Vereins für Freikirchenforschung 2004 zur gleichen Thematik trug Heinz Szobries ein Zwischenergebnis seiner Recherchen zum BEFG vor. Dieses Referat wurde 2005/06 im Jahrbuch des Vereins veröffentlicht[2] und liegt dem II. Kapitel (Einführung) dieser Dokumentation zugrunde. Ein zweites Referat dieser Tagung von Karl Heinz Voigt zu weiteren Freikirchen und zur Evangelischen Allianz erschien bereits im Jahr-

---

[1] Siehe Kapitel II Einführung.

[2] Freikirchenforschung 15 (2005/06), S. 272-323.

buch 2004[3] und wurde 2005 in erweiterter Form veröffentlicht[4]. Die vorliegende Dokumentation kann an diese wertvolle Arbeit anknüpfen, übernimmt einzelne Texte, korrigiert und ergänzt andere und fügt neue hinzu. Nach vielen weiteren Jahren kann sie hiermit nun für den BEFG präsentiert werden.

Den Hauptteil dieses Bandes bildet die Textsammlung in Kapitel III. Heinz Szobries hat im Teil 1 neben den offiziellen Stellungnahmen des BEFG auch eine Reihe weiterer Äußerungen und Veröffentlichungen von Verantwortlichen des BEFG aufgenommen. Ergänzt werden diese in Teil 2 durch die Dokumentation von ausgewählten Vergleichstexten aus anderen Kirchen, wobei der Auswahlschwerpunkt bei Bekenntnissen aus Freikirchen liegt. Außerdem sind einzelne Erklärungen zur DDR-Zeit aufgenommen worden. Einige kurze Hinweise auf Fachtagungen und weitere Literatur zur Thematik finden sich im Anhang.

Die dokumentierten Texte im III. Kapitel sind in der Regel in vollständiger Form aufgenommen worden. Kürzungen erfolgten bei Überlänge sowie für das Thema irrelevanten Passagen. Offensichtlich orthografische Fehler wurden korrigiert und die neue Rechtschreibung zugrunde gelegt.

Reinhard Assmann
Ines Pieper

Vorwort zur 2. Auflage 2017:

Neben einzelnen Korrekturen wurden ergänzende Hinweise in den Anmerkungen zu den Texten 1.09 und 2.18 aufgenommen. Das Literaturverzeichnis enthält einige neue Titel.

Am 12. April 1990 tagte die Volkskammer der DDR nach ihrer Konstituierung als erstes frei gewähltes Parlament und verabschiedete in einem ersten Beschluss eine gemeinsame Erklärung aller Fraktionen – ein bemerkenswertes Schuldbekenntnis, das die Bekenntnisse der Kirchen in diesem Band ergänzt. In ihr heißt es:

> „Durch Deutsche ist während der Zeit des Nationalsozialismus den Völkern der Welt unermessliches Leid zugefügt worden. Nationalismus und Rassenwahn führten zum Völkermord, insbesondere an den Juden aus allen europäischen Ländern, an den Völkern der Sowjetunion, am polnischen Volk und am Volk der Sinti und Roma. Diese Schuld darf niemals vergessen werden. Aus ihr wollen wir unsere Verantwortung für die Zukunft ableiten. [...]"[4a]

---

[3] Freikirchenforschung 14 (2004), S. 229-261.

[4] Karl Heinz Voigt, Schuld und Versagen der Freikirchen im „Dritten Reich". Aufarbeitungsprozesse seit 1945, Frankfurt am Main 2005.

[4a] Neues Deutschland vom 14./15.4.1990; zu den Mitinitiatoren gehörte der Parlamentarier Klaus Tschalamoff aus der BEFG-Gemeinde Schönebeck, Oncken-Archiv Elstal Bestand A14 „Briefe" B 07.

I. Geleitwort

Erinnern und Gedenken gehören zum Leben

Dank für 50 Jahre Frieden – so hatte die Bundesleitung zum 8. Mai 1995 ihren Beitrag zu den vielen Gedenkveranstaltungen benannt. Schon damals wurde die Bitte geäußert, dass dieser Beitrag mit anderen Stellungnahmen und Verlautbarungen, die sich mit der Bewältigung des nationalistischen Erbes beschäftigen, einer breiteren Öffentlichkeit zugänglich gemacht werden sollte. Es ist meinen Kollegen Heinz Szobries, Reinhard Assmann und Ines Pieper vom Oncken-Archiv zu danken, dass jetzt eine umfangreiche Dokumentation von Texten aus dem Bund Evangelisch-Freikirchlicher Gemeinden (BEFG) und anderen Kirchen und Freikirchen, wie sie im Oncken-Archiv in Elstal vorliegen, für den Druck erstellt wurde. Meinem Geleitwort liegen Gedanken zugrunde, die ich 1995 zu Papier gebracht habe.

In der Erinnerung liegt das Geheimnis der Erlösung – so hat es der chassidische Weise Baal Schem Tow gesagt und so hat es der ehemalige Bundespräsident Dr. Richard von Weizsäcker in seiner berühmten Rede am 8. Mai 1985 zitiert. Geheimnis der Erlösung – kommt dieser Gedanke zu schnell, wenn wir bedenken, dass zur Erinnerung des jüdischen Volkes unauslöschlich die Erfahrung des millionenfachen Mordes gehört?

Wie sollte sich uns das Geheimnis der Erlösung erschließen, solange wir die Erinnerung des Unrechts verharmlosen? Je mehr wir erfahren und wissen wollen über das, was dem jüdischen Volk, aber auch Sinti und Roma, Polen und Russen, Sozialisten, Kommunisten, Menschen mit Behinderungen, Homosexuellen, Frauen und Kindern angetan wurde, desto schmerzlicher wird ein aufrichtiges und umfassendes Erinnern.

Es gibt keinen besseren Weg zur Sensibilisierung als das Studium jener Zeit, des Lebens auch nur eines Kindes, der Tränen auch nur einer Mutter, so hat es Elie Wiesel einmal gesagt. Selbst nach so vielen Jahren erscheint das Erinnern für die Nachfahren von Tätern und Opfern noch schwierig genug. So wird schon im Vorfeld über die Bedeutung dieses Datums 8. Mai 1995 gestritten. Ist dieses Datum Unglück, Verrat, Katastrophe, Zusammenbruch, Kapitulation, Vertreibung oder in jedem Falle Befreiung: Befreiung zur Umkehr, zum Neuanfang, zur Versöhnung, zum Lernprozess aller Überlebenden?

Christen in Deutschland haben Erklärungen abgegeben, die als Schuldbekenntnisse gewertet wurden. Von vielen wurden sie begrüßt, aber auch von vielen Menschen abgelehnt. So ist das Erinnern und das öffentliche wie persönliche Gedenken der Überlebenden eine Aufgabe, die in jeder Generation neu angefasst werden muss.

Die damals Umgekommenen dürfen nicht dem Vergessen anheimfallen. Sie sollen in den Folgegenerationen durch Erinnern und Gedenken Wohnrecht unter uns und im Gedächtnis der Menschheit behalten, damit ihr Geschick und ihre Leiden nicht ohne Sinn und Wirkung bleiben. Dazu gehört, dass wir ihre Stimmen hören aus Briefen, Aufzeichnungen und Berichten, aber auch zur Kenntnis nehmen, wie Beteiligte und die Nachkriegsgeneration zu ihrem eigenen Verhalten stehen.

Im Buch des Propheten Jesaja lesen wir: Ich habe mein Wort in deinen Mund gelegt und habe dich unter dem Schatten meiner Hände geborgen, auf dass ich den Himmel von neuem ausbreite und die Erde gründe und zu Zion spreche: Du bist mein Volk! (Jes.51,16)

In Verbannung und Gefangenschaft erfährt das Volk Israel die Gegenwart Gottes – als Wort auf ihrer Zunge und als Raum zum Atmen, der sie durch alle Ängste trägt. Gott sagt durch den Propheten: Es gibt keinen besseren Grund, an die neue Erde und den neuen Himmel zu glauben, als diese Erfahrung. So klein wird ER – und so nahe kommt ER dabei seinem Volk.

Uns Christen stellt diese prophetische Erinnerung vor die Frage: Welches Wort tragen wir auf unserer Zunge, mit dem wir die Situation unserer Erde zutreffend beschreiben und zugleich die Hoffnung auf ihre Erneuerung bezeugen? Wo finden wir Raum zum Atmen in der Atemlosigkeit der Aktionen und Reaktionen unserer Zeit? Wir haben darauf keine andere Antwort als die, um Jesu willen – trotz Schuld und Versagen – die Erinnerung wach zu halten und daraus zu lernen.

Wir haben Grund zur Hoffnung, dass alle Erinnerungen und alles Eingestehen des Versagens zum Leben für heute und morgen verhelfen; denn, so sagt es George Santayana: Wer sich nicht seiner Vergangenheit erinnert, ist verurteilt, sie zu wiederholen.

Pastor i.R. Dr. Wolfgang Lorenz

II. Einführung[5]

Auf der Suche nach Schuldbewusstsein und Schuldbekenntnissen

> „Es ist nicht gut, vor Wirklichkeiten zu tun,
> als ob sie nicht wären, sonst rächen sie sich."
> Romano Guardini

1. Der Anlass für die Suche

Die öffentliche Erklärung des BEFG vor den in- und ausländischen Delegierten des Jubiläumskongresses der Europäischen Baptistischen Föderation (EBF) 1984 in Hamburg ist von allen Beteiligten tief bewegt aufgenommen und seitens der ausländischen Anwesenden mit großem Respekt und einer geschwisterlichen Geste der Versöhnung beantwortet worden.

Elf Jahre später, auf dem Bundesrat in Bochum 1995, wurde bedrückend erkennbar, dass dieses sogenannte Schuldbekenntnis wie auch ein ähnliches der Bundesleitung des BEFG in der DDR überhaupt nicht im Gedächtnis eines großen Teils der Abgeordneten war. Es hatte offenbar keinen Versuch gegeben, die Erklärung in den Gemeinden zu rezipieren bzw. dazu anzuregen. Dieser erschreckenden Unwissenheit versprach der damalige Vizepräsident des BEFG, Wolfgang Lorenz, entgegenzuwirken und regte die Veröffentlichung von entsprechenden Texten aus den ehemaligen Bünden in Ost und West an.[6]

Aber erst wiederum fünf Jahre später gab eine Rückfrage nach dieser Veröffentlichung den Anstoß zur Arbeit an einer Dokumentation. Auf Umwegen bin ich gebeten worden, die vorhandenen Texte zu sammeln und zu ordnen. Meinerseits habe ich diese Suche erweitert auf die anderen Freikirchen in der Vereinigung Evangelischer Freikirchen (VEF). Turbulenzen im BEFG und daraus resultierende dringlichere Aufgaben haben meine Arbeit am Thema zum Stillstand gebracht, so dass 2004 nur ein Zwischenergebnis vorgetragen werden konnte.

---

[5] Überarbeitetes Referat, gehalten in der Arbeitsgruppe I des Vereins für Freikirchenforschung e.V., Frühjahrssymposium Bad Blankenburg, 25. März 2004; siehe Anm. 2.

[6] Im Protokoll des Bundesrates 1995 heißt es: „Der Vizepräsident [...] regt an, die verschiedenen Schuldbekenntnisse sowie die Reaktionen hierauf in einer Dokumentation zu veröffentlichen." In: Anträge, Informationen und Berichte für den Bundesrat 1996, Amtliches Protokoll der Bundesratstagung 1995, S. 208, Oncken-Archiv Elstal, Bestand ARC Dd 72.

2. Das zugrundeliegende Material

Zusammengetragen und ausgewertet werden hier nahezu ausschließlich die Quellen aus dem Leitungsbereich des BEFG, d.h. Protokolle von Bundesleitungssitzungen, Rundschreiben an die Gemeinden und andere bundesoffizielle Äußerungen. Die Quellen werden jeweils in den Fußnoten angegeben. Berücksichtigt sind ferner grundlegende Arbeiten, die sich mit der Geschichte des BEFG und speziell mit der Haltung des Bundes in der NS-Zeit beschäftigt haben. Sie sind im Anhang ersichtlich.

Dankenswerterweise haben mir verschiedene Freikirchen der VEF einige Texte zur Sache aus ihrem Bereich zur Verfügung gestellt. Dabei ging es mir nicht um eine komplette Darstellung freikirchlichen Denkens und Handelns zum Thema, sondern um die Frage, ob andere Ansätze und Handlungsweisen in den vergleichbaren Freikirchen erkennbar sind. Sofern die Texte zitiert werden, sind sie im Teil 2 vollständig oder auszugsweise abgedruckt und mit Quellenangaben versehen. Schließlich habe ich zur Kenntnis genommen, dass die frühere Studentenarbeit des BEFG in ihrer Zeitschrift „SZ" sowie die Initiative Schalom und der Arbeitskreis des BEFG „Gemeinde und Weltverantwortung" in Tagungen an das Thema herangegangen sind. Auch dies wird hier in den Übersichten im Anhang verzeichnet.

Auf ein Defizit dieser Arbeit weise ich ausdrücklich hin: Schon Erich Geldbach hat 1992 angemahnt, dass es an der Zeit wäre, „wenn es nicht schon viel zu spät ist, die Quellen der Ortsgemeinden zu sammeln und wissenschaftlich zu sichten".[7] Dies ist m.W. bis jetzt nicht geschehen, auch wenn Festschriften von Gemeinden auf dieses dunkle Kapitel hin untersucht wurden.[8] Die Zahl der Festschriften, die über diese Zeit hinweggehen, ist aus meiner, allerdings begrenzten Sicht, wahrscheinlich sehr viel größer.

3. Grundsätzliche Überlegungen

Ein Schuldbekenntnis kann sich nur aus einem Schuldbewusstsein ergeben. Individuelle Schuld wird an gewohnten oder eingeübten, nachprüfbaren Maßstäben festgemacht. Solche Maßstäbe sind vorgegeben in der Tradition eines Volkes (Selbstbewusstsein, Über- oder Unterlegenheitsbewusstsein), in den Sozialisierungsbereichen der Familie (Gewohnheiten,

---

[7] Theologische Literaturzeitung 117 (1992), Nr. 5, S. 372.

[8] Z.B.: Festschrift 150 Jahre Oncken-Gemeinde, Hamburg 1984; Volker Waffenschmidt (Hg), Unterwegs zu den Menschen, Berlin 2000 (Festschrift der EFG Berlin-Steglitz); 75 Jahre EFG Gladbeck, Gladbeck 2001; es gibt aber auch Belege für Festschriften, in denen die NS-Zeit ausgeklammert wurde, z.B.: 100 Jahre Duisburg-Mitte, Duisburg 1994; vgl. dazu: Hans-Joachim Leisten, Wie alle andern auch. Baptistengemeinden im Dritten Reich im Spiegel ihrer Festschriften, Hamburg 2010.

Erziehungsideale und -fehler, Durchsetzungsvermögen) und in der religiösen Unterweisung (Bibelverständnis, Gemeindestruktur, Frömmigkeits- und Konfessionsmerkmale) sowie natürlich in den jeweiligen gesetzlichen Regelungen.

Hier geht es aber nicht um individuelle Handlungsweisen, sondern um gemeinschaftliches Handeln und die Ausrichtung eines Gemeindebundes. Aus den spärlichen Texten geht hervor, dass die Verantwortung der Bundesorgane, speziell der Bundesleitung, sehr wohl in schwierigen Zeiten erkannt worden ist. Wie sich diese Verantwortung im speziellen Fall ausgewirkt hat, zeigen die Dokumente. Doch im Nachhinein kann von einem Schuldbewusstsein nur in Ansätzen ausgegangen werden. Dafür spricht vornehmlich die Tatsache, dass die wichtigen Aussagen – sowohl im BEFG als auch von den Brüdergemeinden wie schon die Stuttgarter Erklärung der EKD-Vertreter von 1945 – selbst nicht von einem Schuldbekenntnis sprechen, sondern sich als „Erklärungen" deklarieren. Weithin ist die Schuldfrage ausgeklammert worden, weil es an Schuldbewusstsein fehlte oder das Thema wegargumentiert wurde. Ein wesentlicher Grund dafür war ein konservatives Schriftverständnis und daraus sich ergebende Haltungen, speziell zum Staat. Sie sind festgehalten, verteidigt und gesichert worden. Diese Verweise auf die Schrift und die Bindung an das überlieferte Verständnis spielen in den späteren Verteidigungsversuchen eine ebenso wichtige Rolle wie die einseitige Interpretation des Missionsbefehls.

Paul Schmidt, damaliger Bundesdirektor und Reichstagsabgeordneter vor 1930, hat die Nachkriegsdiskussion um die Schuld zwar als „eine offene Frage für den Raum der Gemeinde Jesu" hingestellt, jedoch Schuldzuweisungen für sich selbst sowie gegen die Bundesleitung oder die Gemeinden bzw. den Bund als Ganzes als unzutreffend abgewiesen. Seine Art der Fragestellung in der Verteidigungsschrift „Unser Weg [...]" signalisiert ziemlich eindeutig die von ihm eingenommene Position:

> „Die Schuldfrage wird aber auch unter uns gestellt. Dabei entsteht natürlich zunächst die Frage, hat die Gemeinde Jesu das Wächteramt in ihrem Volk, wie etwa die Propheten es in Israel hatten? Hat die Gemeinde Jesu einen Auftrag für das ganze Volk in dem Sinne, dass es die Verantwortung für den Geist und die Sittlichkeit des Volkes trägt? Kann die Gemeinde schuldig werden im Ganzen, wenn sie nicht gegen besondere Sünden der Staatsführung öffentlich Protest erhebt? Kann die Gemeinde Jesu durch ihr glaubensstarkes Verhalten in Verkündigung und Leben den Verfall eines Volkes aufhalten und kann sie als mitschuldig angesprochen werden, wenn ein so starker Verfall der sittlichen Kräfte und ein so tiefer Sturz des Volkes erfolgt, wie es jetzt der Fall ist? Nach unserer bisherigen Erkenntnis war es so, dass die Gemeinde Jesu die Heilsbotschaft zu verkündigen und zu verkörpern hat, dass sie aber nicht den Auftrag und die Kraft hat, ein ganzes Volk zu bewahren und zu behüten. Schuldbekenntnisse können aber auch nur dann abgegeben werden, wenn jemand vor Gott steht und sich vor Gott in Schuld weiß, nicht aber um dadurch irgendeiner Gruppe von Christen irgendwo

zu gefallen oder irgendwo und irgendwann schneller einen neuen Lebensanschluss zu finden oder sich irgendwie einzugliedern."[9]

Dem hat als einer der wenigen[10] Dr. Jacob Köbberling, Holzminden, in einer umfangreichen Streitschrift widersprochen: „Es ist ein weltfremder Idealismus, wenn sie [die Gemeinde] glaubt, an dem sittlichen Verfall und dem Sturz eines Volkes unbeteiligt zu sein, während ihr Auftrag, die Verkündigung des Evangeliums, irgendwie nebenher läuft."[11] Köbberling setzt sich sowohl mit dem Schriftverständnis als auch mit den Zusammenhängen des Bundesschlusses zwischen Baptisten und Brüdern im Jahre 1941 auseinander und zieht eine negative Bilanz, und zwar hinsichtlich eines mangelhaften, unzureichenden Glaubensbekenntnisses. Er bemängelt ferner eine zwiespältige und unglaubwürdige Haltung zum Staat ebenso wie die Isolierung von der übrigen Christenheit in Deutschland. Am meisten stört ihn, dass versucht wird, den Bund und die leitenden Brüder „von aller Schuld freizusprechen, indem er [Paul Schmidt] den Weg 1941-1946 als gottgewollten, wohlbehüteten Weg darstellt." Ein vereinbartes Gespräch mit ihm in der Bundesleitung wegen der Veröffentlichung seines Textes ist nicht zustande gekommen. Das Protokoll vom 5./6.Juni 1947 hält fest: „Paul Schmidt geht hierbei auch auf die von Br. Köbberling bemängelte Stellung zum Staat und auf das Glaubensbekenntnis ein. Br. Schmidt hatte inzwischen eine Unterredung mit Br. Köbberling, der auch zur heutigen Sitzung eingeladen war, aber nicht erscheinen konnte. Er hat den Eindruck, dass das Ergebnis dieser Besprechung höchstwahrscheinlich der freiwillige Verzicht Dr. Köbberlings auf die Veröffentlichung sein wird. – Die Bundesleitung würde die Veröffentlichung der Schrift für verhängnisvoll halten und lehnt eine weitere schriftliche Auseinandersetzung ab."[12] Vielleicht spielt für die offensichtliche Abweisung eine Rolle, dass Köbberling bereits 1937 eine heftige Auseinandersetzung hatte wegen der Haltung gegenüber der Bekennenden Kirche und vor allem hinsichtlich der öffentlichen, verharmlosenden Äußerungen Paul Schmidts (und des methodistischen Bischofs Dr. Melle – beide als Vertre-

---

[9] Siehe Dokument 1.07.

[10] Ein anderer ist z.B. Rudolf Kretzer, Mitglied einer Brüdergemeinde, der sich im Juni und November 1946 kritisch mit dem Verhalten Hans Beckers in der NS-Zeit auseinandersetzt. Becker, der eine wichtige Rolle bei der Gründung des BfC und dem Zusammenschluss mit den Baptisten zum BEFG spielte, lehnt in seiner Antwort ein Schuldbekenntnis aus juristischen Gründen ab. Da die meisten Deutschen nichts von den negativen Seiten des Nationalsozialismus gewusst hätten, könne man weder dem Einzelnen noch dem Kollektiv der Deutschen Schuld anlasten. Becker gestand nach dem Krieg politische Irrtümer ein und schied für ein Jahr aus der Leitungsverantwortung des BEFG aus, übte diese als stellvertretender Vorsitzender aber danach bis zu seinem Tod 1963 wieder aus. – Näheres dazu bei: Andreas Liese, Die Auseinandersetzung mit der Zeit des Nationalsozialismus in der Brüderbewegung, in: Freikirchenforschung 15 (2005/06), S. 353ff.

[11] Siehe Dokument 1.08.

[12] Protokollbuch vom 22.2.1941-19.10.1950, Bundesleitungsprotokoll vom 5. und 6. Juni 1947 in Hamburg, Oncken-Archiv Elstal, Bestand A 4.15, S. 213f.

ter der Freikirchen Deutschlands auf einer internationalen Kirchenkonferenz in Oxford) zur Religionsfreiheit in Deutschland.[13]

Bei Durchsicht der frühen Stellungnahmen aus den Reihen des deutschen Bundes fällt auf, dass sie keine offizielle Autorisierung besitzen und auch nicht aus eigenem Antrieb abgegeben wurden. Sie sind gewissermaßen zwangsläufige, noch dazu persönliche Aussagen zur Vergangenheit vornehmlich gegenüber ausländischen Vertretern bzw. auf Konferenzen im Ausland. Hier gleichen sich im Ansatz die Evangelische Kirche in Deutschland (EKD) mit ihrer Stuttgarter Erklärung im Herbst 1945 und die (wenigen) Sätze von Jakob Meister und Hans Rockel auf der 7. Weltkonferenz der Baptisten in Stockholm 1947. Hinzu kommt, dass beide Kirchen, der Rat der Evangelischen Kirche in Stuttgart wie auch die deutschen Baptisten noch 1984 in Hamburg, ihre Aussagen zur Verflochtenheit in die deutsche NS-Geschichte lediglich als Erklärungen ausgewiesen haben. Insbesondere die Bundesleitung hat sich 1984 strikt dagegen gewandt, ein Schuldbekenntnis zu formulieren bzw. abzugeben.[14] Dennoch hat die Geschichte das bewusst Vermiedene längst überholt: Die sogenannten Erklärungen von Stuttgart bzw. Hamburg laufen längst nur noch unter der Bezeichnung „Schuldbekenntnis" und die Reaktionen der ausländischen Empfänger dieser Botschaften haben genau dem entsprochen, was ein Bekenntnis von Versagen und Schuld nach sich ziehen sollte: Vergebung von Schuld und Erneuerung des Glaubens.

Anders als Paul Schmidt in seinem Bericht „Unser Weg [...]" von 1946 gibt Hans Fehr 1958 erstmals, allerdings in einem nichtöffentlichen Kreis, Einblick in die Gedanken leitender Mitarbeiter des Bundes. Als einziger unter den noch lebenden leitenden Männern aus der NS-Zeit hat der frühere Vorsteher des Albertinen-Diakonissenhauses und spätere Bundesvorsitzende einen sehr persönlichen, bewegenden Bericht (z.T. unter Tränen!) vor Hamburger Studenten gegeben. Darin kommt die enge Bindung an ein bestimmtes Prinzip der Schriftauslegung und an das übliche Missionskonzept zur Sprache mit der Konsequenz, man habe – fälschlicherweise – vor Gott guten Gewissens gehandelt:

> „Das Leben des Bundes in diesem totalen Staat war einfach nicht leicht. Das klare Wort von Röm. 13 war da – so waren wir erzogen. Wie oft haben wir gesagt, der Staat ist ein Diakon Gottes; das können wir nicht gut umbiegen – nur war die Haltung der Gemeinden unseres Bundes im totalen Staat wieder sehr schwer. Wir hatten uns so vereinbart, wir wollen so weit gehen, dass wir immer noch das Evangelium sagen können. Erst wenn das uns verboten wird, ist die Zeit des offenen Kampfes da. Manche Prediger haben da erst recht Texte des Alten Testaments gepredigt, bis die Gemeinde es leid war, aber aus Opposition. Der Gewinn aus dieser Verpflichtung, das Evangelium auf alle Fälle zu verkündigen, ist gewiss das Gute und war größer als der etwaige

---

[13] Siehe Andrea Strübind, Die unfreie Freikirche, Neukirchen-Vluyn 1991, S. 244.

[14] Siehe Günter Hitzemann / Andrea Strübind, Die Entstehungsgeschichte des Schuldbekenntnisses von 1984, in: Die Gemeinde (2003), Nr. 6-7, S. 10-12.

Gewinn eines früh herbeigeführten Verbotes. Der Zeugnisdienst war nicht leicht. Die bündische Jugend wurde aufgelöst, unser Schrifttum kam 1941 zum Erliegen, im Juni 1941 wurde die christliche Presse verboten (offiziell wegen des Krieges). In dieser Zeit haben wir die Ostmission aufgezogen, hinter der siegenden Wehrmacht her. Die unterdrückten Menschen haben wir gesammelt, besonders in der Ukraine, Bibeln und Gaben versandt. Für die Durchführung dieses Dienstes war es weise genug, die Bundesleitung davor zu bewahren, allzu früh den Bestand des Bundes aufs Spiel zu setzen. [...] Wir haben eine Haltung (?) durchsetzen können, nicht immer frohen Gewissens, aber schließlich vor Gott doch guten Gewissens."[15]

Er nennt aber auch einen ganz anderen Gesichtspunkt, der in der Diskussion oftmals vergessen wird. Es ging – in seinem engeren Bereich – um die Existenz der Diakonissenhäuser und ihres Auftrages. (Ähnliche Gedanken über die Bemühungen, vor allem das Werk des Bundes zu erhalten, sind auch in den Äußerungen von Paul Schmidt enthalten.) Hans Fehr weist in dem Zusammenhang den Vorwurf weit von sich (und den anderen Brüdern), dem Nationalsozialismus verfallen gewesen zu sein:

„Hat der Nazismus uns irgendwie innerlich geschadet? Blut- und Boden-Theorie usw. haben uns nicht angefochten. Wir waren im Evangelium genug befestigt, um hier Widerstand leisten zu können. Nicht die Umwelt in ihrer Weltanschauung spielte zu uns hinein, sondern die Not der Menschen. Es ist schwer zu sagen, was hier hineinspielt. Die Taufziffer ist keine absolute Ziffer. Hier spielen zu viele Dinge hinein. Rückgang in der Zeltmission. In Hamburg waren wir[16] uns einig: Wir treten niemals in die Partei ein. Das haben wir eine Zeitlang gehalten. Diakonie [fordert]: es ist Zeit, in die Partei einzutreten; wir haben miteinander geredet und gebetet; schließlich haben wir es getan, um die Häuser zu schützen. Wir haben dann in der Bundesleitung Buße tun müssen, mussten ein Jahr zurücktreten."[17]

Zumindest in den ersten Nachkriegsjahren ist die Parteizugehörigkeit führender Mitarbeiter des Bundes zur NSDAP als ein Flecken auf der sonst anscheinend weißen Weste des Bundes angesehen worden. In der „Verteidigungsschrift" von Paul Schmidt gegenüber den deutschsprachigen kanadischen Baptisten und in seinem Denken hatte ein Schuldbewusstsein keinen Platz. Das gilt allerdings auch, abgesehen von wenigen anderen Stimmen, in der Breite der sonst vielfältigen Meinungen im Bund.

„Wenn wir kein öffentliches Schuldbekenntnis abgelegt haben und wenn wir im Blick auf die Vergangenheit wohl auf einen starken missionarischen und evangelistischen

---

[15] Auszug aus einer Nachschrift stenografischer Notizen von einem Vortrag des Bundesvorstehers Hans Fehr im Rahmen eines kirchengeschichtlichen Seminars zum Baptismus im Theologischen Seminar des BEFG in Hamburg 1958, siehe Dokument 1.13; zu den theologischen Grundentscheidungen vgl. A. Strübind, Die unfreie Freikirche, S. 39ff.

[16] Gemeint ist das Dreigestirn: Paul Pohl (Diakonissenhaus Tabea), Hans Luckey (Theologisches Seminar) und Hans Fehr (Albertinen-Diakonissenhaus).

[17] Siehe Dokument 1.13; der Rücktritt erfolgte nach dem Zweiten Weltkrieg.

Einsatz und auf eine gesegnete Führung Gottes durch die schweren Jahre zurückschauen können, aber nicht zu irgendeiner heute anerkannten oder nicht anerkannten Widerstandsbewegung gehörten, so möchten wir doch sagen, dass wir das als unseren Gottesweg ansahen und heute noch ansehen, um den viel gebetet, viel geglaubt, und innerlich viel gerungen wurde. Vielleicht können wir auch sagen, dass das Zeugnis unserer Gemeinden und unserer dienenden Brüder auch in der dunkelsten Zeit in der vollen Kraft und in der ganzen Fülle des Evangeliums abgelegt wurde. Wir stehen mit im Schatten unseres Volkes, wir tragen Leid um vieles, das sich begeben hat, und wir stehen mit unter den harten Folgen, die sich für unser Land und für andere Länder daraus ergeben haben."[18]

Mit diesen negativen Befunden der schuld-ablehnenden Argumentation darf allerdings das Thema Schuldbewusstsein nicht beiseitegelegt werden. Es fehlen noch detaillierte Untersuchungen zu den Gründen, die konkret zum Ausblenden eines Schuldbewusstseins geführt haben; dies könnte nicht nur historische, sondern auch aktuelle Bedeutung haben.

4. Reaktionen in der Nachkriegszeit

Das erste Informationsschreiben des BEFG nach dem Zweiten Weltkrieg vom 25. Juni 1945 benennt zwar „die Auflösung eines vom Herrn abgewandten Führertums, die Aufdeckung wie Beseitigung unglaubwürdiger Brutalitäten der Gewalthaber und das Gericht, in dem wir mit unserem Volke noch stehen", vermeidet aber jeglichen Hinweis noch Einsicht auf eine mitzutragende Verantwortung. „Quälende Fragen und ernste Gebete steigen zu Gott empor" wird festgestellt, aber eine Selbstkritik findet nicht statt: „Als Gemeinden möchten wir nach wie vor einzig Botschafter sein an Christi Statt: ‚Lasset Euch versöhnen mit Gott!' Der Herr hat uns in diese Stunde geführt."[19]

Eine erste Verlautbarung der Bundesleitung an die Gemeinden nach Kriegsende blendet die bittere Vergangenheit und die furchtbaren Gräueltaten des Nazi-Regimes völlig aus; sie kennt nur die offensichtliche Not der Nachkriegszeit und die Dankbarkeit, dem Inferno des Krieges entronnen zu sein. Die in Wiedenest zum ersten Mal seit Kriegsende versammelten Brüder der Bundesleitung wenden sich mit einer Verlautbarung an die Gemeinden des Bundes:

„Wir stehen erschüttert am Grab der politischen Größe Deutschlands und beugen uns unter das furchtbare Gericht, das Gott über unser geschlagenes Volk verhängt hat.

---

[18] Paul Schmidt, Ein Blick durchs deutsche Bundesfenster, in: Der Sendbote (1947), Nr. 29, S. 9.

[19] Bundespost 1945-1949, Bundesbrief für die Evangelisch-Freikirchlichen Gemeinden im Westen Deutschlands [...] am 25. Juni 1945, Oncken-Archiv Elstal, Bestand ARC Dg 6; unterschrieben von Walter Vogelbusch und Willi Riemenschneider, siehe Dokument 1.01.

Auch das Werk unserer Gemeinden ist in diesen Zusammenbruch mit hineingezogen. Viele Gemeinden sind zerstreut oder obdachlos. Mitten durch den Bund geht die Trennungslinie zwischen westlicher und östlicher Besatzungsmacht. Noch können wir nicht den ganzen Umfang des Schadens ermessen und noch immer sehen wir das Ende des Niedergangs nicht ab.

Und doch glauben wir allen Grund zu haben, Gott für alle Bewahrung und Führung in schweren und schwersten Stunden danken zu müssen. Er hat zerfallen lassen, was unsere Hand gebaut, aber Er hat gnädig behütet, was Er in uns und unter uns aus neuem Geist geschaffen hat. [...]

Vor allem freuen wir uns, dass auch die Gemeinschaft im neuen, während des Krieges gegründeten Bunde[20] keinerlei Trübung und Kürzung erfahren hat. [...] Mit neuer Treue und Hingabe möchten wir das Wort Gottes verkündigen und um Seelen werben. Abseits von allem politischen Denken und Wägen möchten wir Samariterdienst am blutenden Körper unseres Volkes verrichten, solange es Tag heißt und wir wirken dürfen."[21]

Nachdenklich machen die unveröffentlichten Notizen des früheren Vorsitzenden der Bundesleitung Friedrich Rockschies (1936-1945) im Sommer 1945; er verstarb im Oktober des Jahres. Er mahnt als einer der wenigen an, „den Anteil von der Schuld auf sich zu nehmen" und ihn abzutragen:

„[...] Die Massen, Feinde und Freunde, reden von ihrer Unschuld, wissen sich wie Engel vollkommen rein und wollen von aller Verantwortung für das Weltunglück frei sein. So hat man über eigene Schuld zu aller Zeit gedacht und andere für sich schuldig gemacht. Die tiefste Quelle, aus der die Schuld am zweiten Weltkrieg schnell und stark gewachsen ist, war die Not, die nach dem ersten Weltkrieg über Deutschland gekommen ist. Hitler und sein Wahnsinn war eine Notgeburt. Nur in der großen Not konnte im deutschen Volke der Radikalismus der Nazis einen so fruchtbaren Boden gewinnen. [...]

Die Siegermächte haben Hitler in seiner ersten Zeit nicht ernst genommen, sie haben seinem Treiben lässig zugeschaut. Sie sahen ruhig zu, wie er aus Deutschland ein Zuchthaus machte. Wie soll man sich im Zuchthaus wehren? Sie haben seine ersten Raubzüge sich gefallen lassen, ja sie haben seine ersten Raubzüge ihm sogar anerkannt. [...] Jeder muss nun seinen Anteil von der Schuld auf sich nehmen und ihn abtragen. Das ist der einzige Weg in eine bessere Welt."[22]

---

[20] 1941/42 haben sich der Bund freikirchlicher Christen (BfC – Brüdergemeinden) und der Bund der Baptistengemeinden in Deutschland zusammengeschlossen zum jetzigen BEFG; siehe Günter Balders (Hg), Ein Herr, ein Glaube, eine Taufe. 150 Jahre Baptistengemeinden in Deutschland 1834-1984, Wuppertal / Kassel 1984, S. 106ff.

[21] Siehe Dokument 1.02; Sitzung am 25. und 26. Juli 1945; anwesend: Dr. H. Becker, Dr. W. Braun, W. Brockhaus, W. Engels, H. Fehr, Gutsche, Dr. H. Luckey, P. Pohl, Riemenschneider, E. Sauer, P. Schmidt, Schröder, Siebert, Speidel und Zimmermann.

[22] Siehe Dokument 1.03.

Im Mai 1946 hat der damalige Bundesdirektor Paul Schmidt auf der Bundesratstagung in Velbert einen umfangreichen Rechenschaftsbericht unter dem Titel „Unser Weg als Bund Evangelisch-Freikirchlicher Gemeinden in den Jahren 1941-1946" gegeben. Er stellt fest:

„Der große politische Umbruch in Deutschland im Jahre 1933 hat weder bei den Baptisten, noch bei der Versammlung, noch bei der Elimbewegung einen innerkirchlichen Kampf und Streit ausgelöst. Einen Einbruch, wie die evangelische Kirche ihn erlebt und durchzuhalten hatte, blieb uns in jeder Hinsicht erspart. Die innergemeindlichen Kräfte waren so stark und blieben maßgeblich, dass von einer innerkirchlichen Revolution nicht gesprochen werden kann."

Und er begründet dieses folgendermaßen:

„Die Haltung des Bundes im totalen Staat ergab sich immer wieder von neuem aus der Verpflichtung, die der Apostel Paulus in Römer 13 der Gemeinde auferlegt hat. Das klare Wort von Römer 13 kann nicht gut umgebogen oder nur für besondere Verhältnisse bindend erklärt werden.[23] Dieses Wort aber verwehrt der Gemeinde eine politisch-revolutionäre Haltung und verpflichtet sie auch für Zeiten, die dem Einzelnen und seinem persönlichen Freiheitsstreben sehr entgegen sind. Die Frage, muss die Gemeinde, muss der Bund sich nicht erheben und müssen sie nicht in das politische Hoheitsgebiet hineinsprechen, auch wenn damit ihre äußere Existenz aufs Spiel gesetzt wird, hat uns oft bewegt und ist mehr als einmal erörtert worden. Immer wieder wurde die Frage in das Licht von Römer 13 gerückt und immer wieder wurde von neuem erkannt, dass das große Nein der Gemeinde Jesu gegenüber dem Staat und seiner Führung erst dann zu sprechen sei, wenn die Verkündigung des Evangeliums verboten werde und die persönliche christliche Lebensführung desgleichen. Immer wieder gewann die Überzeugung die Oberhand, dass der Einsatz der Gemeinde, auch wenn es dadurch zu ihrer Auflösung komme, dann gerechtfertigt sei, wenn sie zu sprechen habe, man muss Gott mehr gehorchen als den Menschen. Dabei setzte sich immer wieder die Meinung durch, dass dieser Zeitpunkt noch nicht gekommen war, aber auch die andere Auffassung, dass er jeden Tag eintreten könne.

Die Haltung des Bundes im totalen Staat war von der Leitung also durchaus immer wieder bedacht und umbetet und in vollem Bewusstsein der Verantwortung geübt worden. Stark mitbestimmend wirkte oft das positive Moment, den Evangeliums- und Missionsdienst mit vollem Einsatz bis zur äußersten Möglichkeit durchzuführen. Der missionarische Gedanke überwog alle anderen Erwägungen [...]. Und so ist es gekommen, dass wir heute rückschauend von einem gesegneten starken Zeugnisdienst der Ge-

---

[23] Paul Schmidt hatte bereits auf der zweiten Sitzung der Bundesleitung nach dem Krieg am 22.11.1945 in Velbert erklärt, „die positive Stellung zu Römer 13 sollte klar und ungebrochen in jeder politischen Situation durchgehalten werden. Sie bleibt die einzig mögliche Haltung in jeder politischen Situation bis zur Höchstkrise vor der Wiederkunft unseres Herrn und Heilandes." In: Allgemeine Übersicht, gegeben am 22.11.1945, Oncken-Archiv Elstal, Bestand C 1 03 Bundesleitung allgemein 1938-1947.

meinden durch die Jahre hindurch sprechen können, dass wir aber auf keine besondere Reihe von KZ- oder anderen Märtyrern hinzuweisen vermögen."[24]

Unmittelbar zuvor bezieht der Dozent für Neues Testament und Praktische Theologie, der Kriegsteilnehmer (Sanitäter) Hans Rockel, am 14. April 1946 eine ganz andere Position. Er verweist darauf, dass der Weg aus der (unbestrittenen!) Schuld „durch die Schuld" hindurch führt:

> „[...] Und es gibt viele, die sich wehren, von Schuld zu sprechen, weil sie fürchten, damit das Letzte preiszugeben.
>
> Wir dürfen nicht vor der Schuldfrage stehen bleiben oder uns streiten über die Notwendigkeit eines Schuldbekenntnisses. Es geht um mehr, es geht darum, dass wir zu Gott finden. Die Frage ist die, wohin soll der Weg durch die Schuld führen, zu neuer Schuld, zur Verbitterung, zur Rache? Nein, zu Gott. Und die frohe Botschaft, die wir im Blick auf unsere Lage zu verkündigen haben, lautet: Es gibt tatsächlich einen Weg, der durch die Schuld hindurchführt, den Weg, den Jesus uns zeigt mit der Bitte: ‚Vergib uns unsere Schuld!'
>
> Wenn wir allen Ernstes heute so beten würden, dann hätten wir den Weg gefunden, der durch die Schuld hindurchführt, denn wir stünden vor Gott. Und darauf kommt es an [...]
>
> Jeder muss für sich den Weg durch die Schuld hindurch gehen, anders werden wir alle nicht frei. Wir müssen unsere Augen niederschlagen, so dass wir die Schuld der anderen nicht sehen. Es geht um unsere Schuld: ‚Gott sei mir Sünder gnädig.' [...]"[25]

Eine noch deutlichere Haltung nimmt Johannes Schneider 1947 in dem Entwurf eines Schuldbekenntnisses ein, den er der Bundesleitung vorgelegt hat. Er nennt es ein Versäumnis, nicht an der Seite der Bekennenden Kirche dem Nationalsozialismus die Stirn geboten zu haben, und fährt fort:

> „Wir erkennen freilich heute, dass wir deutlicher, als wir das getan haben, zu den christusfeindlichen und verbrecherischen Maßnahmen des nationalsozialistischen Regimes hätten Stellung nehmen sollen. Um des Gewissens willen hätten wir uns bewusster und in größerer Öffentlichkeit gegen die Verletzung der göttlichen Gebote und Ordnungen des antichristlichen Hitler-Staates wenden sollen. Wir hätten lauter, als es geschehen ist, unsere Stimme gegen das maßlose Unrecht und die schandbaren Taten der nationalsozialistischen Machthaber erheben müssen. Aber wir waren in unserer bisherigen Geschichte nicht so geführt worden, dass wir unser Urteil in den Fragen des öffentlichen, politischen und wirtschaftlichen Lebens maßgebend zur Geltung brachten. So

---

[24] Siehe Dokument 1.07, S. 7ff.

[25] Siehe Dokument 1.06; Hans Rockel, seit 1939 Lehrer am Theologischen Seminar in Hamburg, hielt den Vortrag auf Einladung der Evangelischen Allianz in Düsseldorf.

sind wir uns nicht immer klar genug der ethischen Verantwortlichkeit bewusst gewesen, die wir als Jünger Jesu der Welt gegenüber haben."[26]

Wenigstens ansatzweise hat der neue Bundesvorsitzende des BEFG Jakob Meister (ein Schweizer Bürger!) in seinem Grußwort am 29. Juli 1947 an den Kongress des Baptistischen Weltbundes in Kopenhagen von der „Beugung unter die Schuld" unter dem Gesichtspunkt des Gerichtes gesprochen:

> „In Demut beugen wir uns unter die Schuld, die unser Volk durch die Gewaltherrschaft der vergangenen Jahre auf sich geladen hat. Die gewaltige Hand des richtenden Gottes lastet schwer auf unserem Land, unserem Volk und unseren Gemeinden. Wir glauben, dass nach allem eine Stunde der göttlichen Heimsuchung für alle Völker angebrochen ist.
>
> Gottes Wort und Gottes Geist haben neuen und größeren Einfluss auf uns gewonnen. Im Jahre 1946, dem 1. Nachkriegsjahr, durften wir in Deutschland 4.470 Gläubiggewordene taufen und in die Gemeinde aufnehmen."[27]

Ein anderer deutscher Vertreter, der Dozent Hans Rockel, spricht – offensichtlich sehr bewegend – die Jugendversammlung des Kongresses an und nennt die Geringachtung gegenüber dem Erbe der Täufer als Ursache für die Schuld. Was er als deren Tugenden beschwor, war offensichtlich bei den Baptisten verloren gegangen:

> „Als baptistische Jugend haben wir uns gefragt, worin unsere besondere Schuld lag. Ich habe es vor unserer Jugend gesagt und ich wiederhole es hier: Wir haben das Erbe unserer alten Täufergemeinden gering geachtet. Freiheit des Gewissens, Kampf für die Wahrheit bis zum Märtyrertod – Glaube an die sieghafte Kraft des Heiligen Geistes bis zur Ablehnung jeder Gewaltanwendung – heilige Bruderschaft, Liebe zu allen Menschen – das war das lodernde Feuer des Glaubens in den Täufergemeinden. Wir haben dieses Feuer verlöschen lassen. Das ist unsere Schuld. Aber Gott hat uns einen neuen Anfang geschenkt."[28]

Allerdings haben beide deutschen Vertreter in Kopenhagen bei ihrer Rückkehr einigen Tadel einstecken müssen, „obwohl keiner der beiden genaugenommen für das Verhalten der Bundesgemeinschaft als solcher ein Schuldbekenntnis ablegte."[29]

An anderer Stelle hat Hans Rockel die Frage nach einem freikirchlichen Bekenntnis mit folgender Replik beantwortet und sich damit von dem Stuttgarter Schuldbekenntnis vorsichtig distanziert:

---

[26] Siehe Dokument 1.12; Günter Balders stellt fest, dass der Entwurf Schneiders „kein positives Echo fand", siehe G. Balders, Ein Herr, ein Glaube, eine Taufe, S. 120, Anm. 218.

[27] Siehe Dokument 1.11.

[28] Ebd.

[29] G. Balders, Ein Herr, ein Glaube, eine Taufe, S. 120.

„Was das Bekenntnis selbst anbetrifft, so wird jeder von uns bereit sein, wie Asmussen zu bekennen, dass er nicht so fest geglaubt, nicht so rein gebetet, nicht so heilig an Gott hingegeben hat, wie er es hätte tun müssen ..."

„Es liegt nicht im Wesen der Freikirche, dass sie wie die Volkskirche durch ein kirchenregimentliches Handeln nach außen hin vertreten werden kann. Wo das vereinzelt auch immer wieder versucht worden ist, war es von den Vertretern der Freikirche ein Missverständnis ihres Auftrages."

„Der Weg der Freikirche in die Öffentlichkeit führt über die Verkündigung der autonomen Einzelgemeinde und über das Zeugnis des einzelnen Gemeindegliedes. Diese Verkündigung und dieses Zeugnis aber wird, wenn es echt und glaubhaft sein will, herauskommen aus einer aufrichtigen Beugung und Buße vor Gott."[30]

Nach dem Kopenhagener Kongress, im Oktober 1947, greift Paul Schmidt nochmals die Schuldfrage in der Zeitschrift „Die Gemeinde" auf. In einem Artikel in dem holländischen baptistischen Blatt „De Christen" hieß es kurz vor dem Kongress:

„Wir wünschen den deutschen Baptisten in ihrem eigenen und unserm Interesse tiefe Reue über ihr Vertrauen zum Nationalsozialismus und eine neue Möglichkeit, auf dem europäischen Festland viel für ihren Herrn zu tun, dem sie in der Vergangenheit mit so viel Eifer gedient haben."

Paul Schmidt kommentiert, den holländischen Freunden könne versichert werden,

„dass die überwältigende Mehrheit unsrer Glieder dem nationalsozialistischen Regime innerlich fern, ja feindlich gegenüberstand und darunter unsäglich gelitten hat. Darum können wir auch ein ‚Vertrauen zum Nationalsozialismus' unmöglich bereuen, eben weil wir kein solches hatten. Dagegen stehen wir nicht an, zu bekennen: wir hätten uns gegen den eisernen Zwang einer rücksichtslosen und brutalen Macht hie und da mannhafter und leidenswilliger auflehnen sollen. Deswegen beugen wir uns vor Gott; wissen aber auch, dass solches Eingeständnis nicht der breiten Öffentlichkeit und ihrer verständnislosen Kritik ausgeliefert werden sollte, sondern in das stille Buß- und Betkämmerlein des Einzelnen gehört. [...]"[31]

Im Zeitraum danach gibt es erst 1955 seitens der Bundesleitung eine Botschaft an die Gemeinden mit der Erinnerung an die zehn Jahre nach dem „totalen Zusammenbruch des Deutschen Volkes"; darin ist lediglich von den überaus starken Belastungsproben der Gemeinden durch das Zeitgeschehen die Rede: „Gott hat es zugelassen, dass Ungezählte aus unseren Reihen der Katastrophe zum Opfer fielen."[32] Von den Opfern des Nationalsozialismus und der gemeinsamen Verantwortung für ihr Leben ist überhaupt nicht die Rede.

---

[30] Die Gemeinde (1946), Nr. 3, S. 21; vgl. G. Balders, Ein Herr, ein Glaube, eine Taufe, S. 119f.

[31] Aus der Schmiede, in: Die Gemeinde (1947), Nr. 11, S. 85.

[32] Bundespost 1/1955 Anlage 2, Botschaft der Bundesleitung an unsere Gemeinden, Oncken-Archiv Elstal, Bestand S 1.1.

In der Folgezeit beginnen die Fragen aus der jungen Generation brennender zu werden. Aufschlüsse werden gefordert über die Verhaltensweisen in der immer offenbarer werdenden Gewalt- und Unrechtsherrschaft; das Aufdecken zahlloser Verbrechen und des Ausmaßes des Holocaust löst neue Fragen aus, und das Schweigen der Vätergeneration (aus Scham?) tut ein Übriges, klare Antworten zu verlangen. Das gilt natürlich nicht nur im säkularen Umfeld, sondern auch für den Bereich des BEFG.

Im Sommersemester 1958 hält der Dozent für Kirchengeschichte Herbert Stahl ein Seminar zu bestimmten Aspekten baptistischer Geschichte. Seminararbeiten werden angefertigt zur Entwicklung der Jugendarbeit, zur Bedeutung der Sonntagschule, zum Einsatz des Frauendienstes, zu den Aufgaben der Diakoniewerke u.a. Der Versuch, einen der verantwortlichen Hamburger Zeitzeugen zum Bericht über die Bundesgeschichte im Dritten Reich zu gewinnen, misslingt, weil sowohl Paul Pohl als auch Hans Luckey absagen. Nach mancherlei Bitten stellt sich Hans Fehr den Fragen der Abgangsklasse.[33] Auch wenn er im Nachhinein eine Fehleinschätzung der leitenden Brüder einsieht, folgt er der offiziellen Rechtfertigungslinie, die Paul Schmidt angegeben hat.

Im gleichen Jahr findet in Berlin die Konferenz der Europäischen Baptistischen Föderation statt. Erstmalig nach dem Krieg kommen die Vertreter der europäischen Baptistenbünde in Deutschland zusammen. Abgesehen davon, dass sich hier noch Ost und West ohne Grenzmauer treffen konnten, wäre dies eine einmalige Gelegenheit gewesen, öffentlich Stellung zu beziehen hinsichtlich der Fehler und Versäumnisse in der NS-Zeit und während des Krieges. Auch das Thema „Christus, unsere Hoffnung – Europa, unsere Verantwortung" hätte ausreichenden Anlass geben können, ein Bekenntnis des Versagens vor Gott und Menschen abzulegen. Doch weder in den offiziellen Grußworten der Gastgeber – für den deutschen Bund sprach Hans Fehr! – noch in den Vorträgen zum Thema – zwei der Reden sind von Deutschen gehalten worden – wird ein einziges Wort zur Vergangenheit verloren. Lediglich der Westberliner Bürgermeister Franz Amrehn spricht angesichts der Berliner Situation von einer schweren geschichtlichen Last, die abzutragen auch Aufgabe dieses Volkes sei.[34]

Die Studenten innerhalb des Bundes nehmen das Thema 1966/67 in ihrer Semesterzeitschrift (SZ) auf.[35] Sie ernten auf ihre nicht immer sachlichen Anfragen, Deutungen und Vorwürfe weder Klarstellungen noch Beifall; sie werden vielmehr als unverständige Nestbeschmutzer verunglimpft.[36] Eine Aufarbeitung der Vergangenheit ist unter diesen Umständen

---

[33] Siehe Anm. 15.

[34] Vgl. Jakob Meister (Hg), Bericht über den Kongress der Europäischen Baptisten 26.-31. Juli 1958 in Berlin, Kassel 1959, S. 33.

[35] Siehe Artikel des Verfassers im Anhang (Veröffentlichungen).

[36] Willi Grün, Schriftleiter der Zeitschrift Die Gemeinde, schreibt: „Es gibt hier eine moralische Aktivität, die allzu billig ist. Dahin zähle ich die Abrechnung mit unserem Verhalten etwa im sogenannten ‚Dritten Reich', die besonders immer wieder solche jungen ‚Historiker' aufmachen, die jene Zeit nicht be-

unmöglich – wahrscheinlich, weil noch so viele unmittelbar Verantwortliche und Beteiligte leben.

5. Die Schuldbekenntnisse von 1984 und ihre Rezeption

Erst 1984 findet der deutsche Bund zu einer öffentlichen Erklärung vor dem Kongress der Europäischen Baptistischen Föderation (EBF) 1984 in Hamburg. Wie kommt es dazu?

Auf der Bundesratstagung 1983 berichtet Günter Hitzemann, damaliger Präsident des BEFG:

> „Anlässlich des 50-jährigen Jahrestages der ‚Machtergreifung' durch die Nationalsozialisten hat sich die Bundesleitung in der Februarsitzung [1983] mit den Geschehnissen der nationalsozialistischen Ära und deren Auswirkungen auf unseren Gemeindebund beschäftigt. Um die Erforschung und die geistliche Durchdringung dieser so notvollen Zeit – auch für unsere Gemeinden und den Bund – nach Kräften zu fördern, wurde beschlossen, eine Dokumentation zu erstellen und dafür Zeitzeugen, die noch unter uns sind, zu befragen."[37]

Von einer Bekanntgabe der Planung eines „Wortes zur NS-Zeit" durch die Bundesleitung, wie von Andrea Strübind angegeben[38], ist in dem obigen Bericht und den Protokollen nicht die Rede. Dies schließt nicht aus, dass in der Aussprache über den Bericht ein Hinweis darauf gegeben worden ist. Das Protokoll vermerkt auf Seite 5 lediglich, dass u.a. auch zu den Aussagen über die „Schuldfrage bezüglich des Dritten Reiches" Stellung genommen worden ist. Der im Präsidentenbericht genannte Beschluss der Bundesleitung, „eine Dokumentation zu erstellen" ist m.W. nicht ausgeführt worden.

Nach Aussagen von Günter Hitzemann[39] stammt die Anregung zur Geschichtsaufarbeitung des „Dritten Reiches" im Blick auf unseren Bund von Horst Rauschke, einem Gemeindemitglied aus Hannover, vom Mai 1982. Rauschke nennt als sein Anliegen, „dass uns deutschen

---

wusst miterlebt haben. Ihnen mangelt darüber hinaus auch die Schulung in der Benutzung historischer Quellen. Man kann zum Beispiel nicht jede Erklärung, Zeitungsnotiz, alle Äußerungen und Formulierungen in Reden usw. in einem absolutistischen Staat für bare Münze nehmen. Selbst dann nicht, wenn man dagegen sagen kann, dass es für einen Christen eine üble Sache ist, die Wahrheit zu strapazieren. [...] Oder wollen wir dem Petrusbrief verübeln, dass er zusammen mit anderen Ermahnungen auch sagt: ‚Ehret den König!' (1. Petrus 2, 17). Welcher König war das wohl? Ich kann darin nichts an sich Böses sehen." In: Die Gemeinde (1966), Nr. 12, S. 10.

[37] Bericht des Präsidenten an den Bundesrat 1983 (Punkt 3.5), in: Berichte der Bundesleitung an den Bundesrat 1984, Oncken-Archiv Elstal, Bestand ARC Dd 60, Anhang S. 32.

[38] Günter Hitzemann / Andrea Strübind, Die Entstehungsgeschichte des Schuldbekenntnisses von 1984, in: Die Gemeinde (2003), Nr. 6-7, S. 12.

[39] Ebd. S. 10.

Baptisten deutlich wird, wie wir in den Jahren von 1933 bis 1945 mit dazu beigetragen haben, dass so viel Unrecht geschehen konnte". Bezugnehmend auf das „Wort der Bundesleitung" von 1978 zur Reichspogromnacht formuliert er sein Ziel, dass die Bundesgemeinschaft gemeinsam ihre Schuld erkennen und bekennen möge, um auf diese Weise Vergebung zu erfahren.[40]

Die Beratungen in der Bundesleitung – laut Andrea Strübind gab es sieben Entwurfsfassungen – verlaufen ziemlich kontrovers:[41] „Protokollarisch wurde zunächst festgehalten, dass ‚kein Schuldbekenntnis' geplant sei. Auf der nächsten Sitzung im November 1982 präzisierte man diese Formulierung, die im diametralen Gegensatz zur ursprünglichen Intention stand, im Protokolltext dahingehend: ‚Die Form eines großen, nachträglichen Schuldbekenntnisses ist in diesem Zusammenhang allerdings wohl kaum angebracht.'" Aufgrund der Widerstände wird offiziell nicht mehr von einem „Schuldbekenntnis", sondern von einer „Erklärung der Bundesleitung zur Haltung des Bundes in der Zeit des Nationalsozialismus" gesprochen. „Aufarbeitung der Vergangenheit" ist das neue Stichwort. Umso erstaunlicher ist das Beipflichten des Bundesrates 1984 bei nur zwei Enthaltungen zu der mit Mühen fertiggestellten „Erklärung der Bundesleitung".

Die zwischenzeitlichen Versuche, einen einvernehmlichen Text mit dem Bund Evangelisch-Freikirchlicher Gemeinden in der DDR zu vereinbaren, scheitern „aufgrund der zeitlichen Fixierung auf den Jubiläumskongress 1984 in Hamburg". Der Präsident des Bundes in der DDR Manfred Sult nimmt eine Erklärung in seinen Bericht an den dortigen Bundesrat 1984 auf:

> „[…] Wenn wir auf unserer Bundeskonferenz Rückschau auf einen langen, geschichtlichen Weg halten, dann wissen wir, dass dieser Weg zugleich inmitten der Zeit- und Weltgeschichte verlief. Es war ein Weg, den unsere Gemeinden und ihre Glieder mit unserem Volk und als dessen Bürger zu gehen hatten. Dabei dürfen wir auch die Zeit der nationalsozialistischen Herrschaft nicht ausklammern. […]

> Wir können auch heute nicht anders, ganz gleich wie und ob wir jene Zeit miterlebt haben, als uns unter die Schuld zu stellen, uns der Vergebung Gottes zu vergewissern, die erfahrene Vergebung von Seiten derer, an denen unser Volk und damit auch wir schuldig wurden, dankbar zu bezeugen und um Vergebung zu bitten, wo noch Schuld trennt. Es liegt uns daran, dies auch vor unseren europäischen Gästen zum Ausdruck zu bringen.

> Nicht vergessen wollen wir diejenigen, die es gewagt haben, in jener dunklen Zeit durch ihr mutiges Bekenntnis ein Zeugnis für Jesus Christus gegen alles Unrecht abzulegen und dafür Benachteiligung, Not und Strafe erlitten. Möge Gott uns helfen, auch

---

[40] Ebd. S. 11.
[41] Die folgenden Ausführungen nach A. Strübind, ebd. S. 11ff.

aus diesem Teil der Geschichte zu lernen, unseren bleibenden Auftrag zu erkennen und Zuversicht zu gewinnen."[42]

Das „Wort der Bundesleitung zum Verhalten unserer Freikirche im sogenannten Dritten Reich" wird auf dem EBF-Kongress am 2. August 1984 in der Abendversammlung vom Präsidenten des BEFG Günter Hitzemann verlesen. Darin heißt es:

> „In unserem Volk und durch unser Volk ist viel Unrecht geschehen. Scham und Trauer erfüllen uns, besonders wenn wir an die Verfolgung und Massenvernichtung von Juden denken. Wegen dieser Schuld unseres Volkes bleiben wir auf die Vergebung Gottes angewiesen. Der durch Deutschland ausgelöste Zweite Weltkrieg brachte unermessliches Leid über viele Völker und endete schließlich in einer furchtbaren Katastrophe. Die Folgen haben wir und in noch viel stärkerem Maße Angehörige anderer Völker bis heute zu tragen.
>
> Das Böse von Anfang an zu erkennen war schwerer, als es heute im Rückblick erscheint. Es gab unter uns Menschen, die das damalige Regime durchschauten, davor warnten und sich tapfer dem Unrecht wiedersetzten. Doch wir haben uns nicht öffentlich mit dem Kampf und Leiden der Bekennenden Kirche verbunden und ebenso versäumt, eindeutig den Verletzungen göttlicher Gebote und Ordnungen zu widerstehen. Es beugt uns, dass wir als deutscher Bund der ideologischen Verführung jener Zeit oft erlegen sind und nicht größeren Mut zum Bekenntnis für Wahrheit und Gerechtigkeit bewiesen haben. Auch nach dem Zusammenbruch des Hitlerregimes wurde nur von Einzelnen, aber nicht offiziell für den Bund Evangelisch-Freikirchlicher Gemeinden zu jenen Geschehnissen Stellung genommen.
>
> Als Menschen, die jene Zeit nur in unterschiedlicher Dauer oder auch gar nicht miterlebt haben, sehen wir uns in die Schuld unseres Volkes und unserer Bundesgemeinschaft verflochten und tragen sie mit. Wir bekennen dies heute auch vor Euch, unseren Brüdern und Schwestern der baptistischen Unionen Europas. Wir bitten Gott, dass wir aus diesem Teil unserer Geschichte lernen, um dadurch wacher zu sein im Blick auf die geistigen Verführungen unserer Zeit."[43]

Als Antwort ist am folgenden Tag diese Erklärung vor dem EBF-Kongress verlesen worden:

> „1. Wir, die nicht-deutschen Teilnehmer des Europäischen Baptistischen Kongresses, versammelt in Hamburg am 4. August 1984, haben mit Dankbarkeit und Respekt die Erklärung gehört, die der Bund Evangelisch-Freikirchlicher Gemeinden über die Rolle der Baptisten in der Zeit des Nazi-Regimes gab, und wissen den Mut und die Demut zu schätzen, die diese Worte zeigten.
>
> 2. Beim Zuhören wurde uns umso mehr bewusst, dass die Last der Geschichte schwer auf uns liegt, zugleich jedoch auch, dass es Barmherzigkeit und Vergebung durch das Kreuz Christi gibt. In Christus vereinen wir uns mit den deutschen Gemeindemitglie-

---

[42] Siehe Dokument 1.16.
[43] Siehe Dokument 1.17.

dern in ihren ernsten Gebeten, wissend, dass auch wir der Barmherzigkeit und Gnade Gottes bedürfen.

3. Wir erkennen umso deutlicher, dass wir wachsam sein müssen und uns nicht durch die vielfältigen Einflüsse, die Böses und Krieg heraufbeschwören, verführen lassen dürfen und dass wir mit Entschlossenheit alles tun, was dem Frieden dient."[44]

Die „Erklärung" von 1984 wurde schnell als „Schuldbekenntnis" aufgenommen und in der Folgezeit als solches bezeichnet. Die von Andrea Strübind beobachtete „positive Rezeption im In- und Ausland" hat m.W. nur im Ausland stattgefunden. Und die von ihr erkannte „unerwartete und für alle segensreiche Tiefe und Bedeutung" ist gewiss über die „ursprünglichen Intentionen und Interessen weit hinausgegangen". Aber hat es wirklich ein Bekenntnis der Schuld, ein Einsehen in die Verflochtenheit mit dem Unrecht, eine Reue vor Gott wegen der Versäumnisse deutscher Baptisten bzw. des Bundes gegeben? Hans-Volker Sadlack, ehemaliger Bundesarchivar im Oncken-Archiv, bemerkt:

„Die Frage der Verantwortung der Deutschen für die politische Entwicklung zwischen 1933 und 1945 und deren Folgen (Diktatur, Massenmord, Krieg, Vertreibung) bewegt noch 50 Jahre danach. Auch unter Baptisten war und ist das Erkennen, Anerkennen und Bekennen von Schuld in dieser Hinsicht – trotz einer entsprechenden Erklärung [...] – nicht unumstritten."[45].

War die Erklärung vor dem Kongress der Europäischen Baptistischen Föderation in Hamburg 1984 nur ein eindrucksvolles Lippenbekenntnis mit einer starken emotionalen Wirkung?

Was beinhaltet das Schuldbekenntnis von 1984? Welche Begriffe werden benutzt, wie wird Schuld beschrieben? Geht es um Mehrheitsfähigkeit oder um echte Reue? Wie ist es zu verstehen im Vergleich mit dem Stuttgarter EKD-Bekenntnis von 1945? Wie hat es sich ausgewirkt auf den BEFG, die Gemeinden, die Mitglieder angesichts neu aufbrechender Fragen nach dem Minderheitenschutz, zur Asylfrage, zur NATO-Strategie und zu gewichtigen ethischen Positionen?

Präsident Walter Zeschky und Vizepräsident Dr. Wolfgang Lorenz stellen in ihrem Präsidentenbericht 1995, also gut 10 Jahre später, fest:

„Erinnerung geschieht nicht aus Distanz, sie macht persönlich betroffen, sie betrifft unser Innerstes – auch heute. Trotzdem scheint nach 50 Jahren das Erinnern für die Nachfahren von Tätern und Opfern schwierig zu sein. Im Vorfeld der Gedenkveranstaltungen dieses Jahres wurde um eine gemeinsame Deutung gestritten. Ist dieses Datum Katastrophe, Zusammenbruch, Kapitulation oder in jedem Fall Befreiung, Befreiung zur Umkehr, zum Neuanfang, zur Versöhnung, zum Lernprozess aller Überlebenden? [...] Wir gedenken des Geschehens damals und der Zeit seither in dem Be-

---

[44] Siehe Dokument 1.18.

[45] In: Die Gemeinde (1995), Nr. 29, S. 6.

wusstsein unseres eigenen Versagens und der Schuld, aber auch der Erfahrung göttlicher Vergebung, seiner Hilfe und Kraft für den Neuanfang."[46]

Das sogenannte Schuldbekenntnis von 1984 nennt erfreulicherweise eine Reihe *konkreter Einsichten*:

- Scham und Trauer, wenn wir an die Verfolgung und Massenvernichtung von Juden denken.
- Der Zweite Weltkrieg brachte unermessliches Leid über viele Völker und endete in einer furchtbaren Katastrophe, deren Folgen bis heute zu tragen sind.
- Wir haben uns öffentlich nicht mit dem Kampf und Leiden der Bekennenden Kirche verbunden.
- Wir haben versäumt, eindeutig den Verletzungen göttlicher Gebote und Ordnungen zu widerstehen.
- Wir sind als Bund der ideologischen Verführung jener Zeit oft erlegen.
- Wir haben nicht größeren Mut zum Bekenntnis für Wahrheit und Gerechtigkeit bewiesen.
- Nur Einzelne haben nachher zu jenen Geschehnissen Stellung genommen, aber nicht offiziell für den BEFG.
- Wir sehen uns in die Schuld unseres Volkes und unserer Bundesgemeinschaft verflochten und tragen sie mit.

Im Blick auf detaillierte Erkenntnisse und Hintergründe aus der damaligen Zeit fehlen bereits 1984 *konkrete Aussagen* zu

- dem theologisch einseitigen Denken und der eingleisigen Auslegung der Heiligen Schrift,
- dem fatalen Missverständnis, den Missionsauftrag allein mit Heilsverkündigung gleichzusetzen,
- dem menschenverachtenden Umgang mit jüdischen Geschwistern in den Gemeinden (Ausgrenzung beim Abendmahl, Verweigerung von Solidarität und Hilfe),
- der menschenunwürdigen Behandlung und Ausnutzung von Zwangsarbeitern,
- der Blindheit des Bundes, nur auf die Aufrechterhaltung von Versammlungen zu achten,
- der Verherrlichung von Krieg und Gewalt in Verbindung mit der Verunglimpfung und Kategorisierung der Gegner,
- der erklärten, aber die Ursachen verschleiernden Solidarität mit dem leidenden deutschen Volk der Nachkriegszeit.

Immerhin hat das Bekenntnis von 1984 eine Reihe Initiativen angestoßen, die an sich, gemessen an bisherigen Verlautbarungen und fehlenden Taten, sehr große Bedeutung für manchmal allerdings nur kurze Zeit und kleine Kreise bekommen haben.

Da sind zunächst eine Reihe von Tagungen, die sich der Aufarbeitung der Geschichte des BEFG widmeten (siehe Anhang).

---

[46] Siehe Dokument 1.24.

Des Weiteren gab es Aus- und Rückwirkungen auf den *Konziliaren Prozess* für Gerechtigkeit, Frieden und Bewahrung der Schöpfung des Ökumenischen Rates der Kirchen: Die beiden Bünde BEFG in Ost und West beteiligten sich offiziell an den deutschen Ökumenischen Versammlungen der ACK in Deutschland (Königstein/Ts. und Stuttgart) und der AgCK in der DDR (Dresden-Magdeburg-Dresden) sowie an den Europäischen Ökumenischen Versammlungen in Basel 1989 und Graz 1997. Der Bundesrat des BEFG in Deutschland hatte 1987 die Teilnahme beschlossen und dafür plädiert, sich den Fragen nach Gerechtigkeit, Frieden und Bewahrung der Schöpfung zu stellen und sie in Gebet, Bibelarbeit und Gottesdienst aufzunehmen.

Schließlich gehören dazu mehrere offizielle *Verlautbarungen*[47]:

- Wort der Bundesleitung des BEFG in der DDR an die Gemeinden zum 40. Jahrestag des Kriegsendes 1985;
- Wort der Bundesleitung des BEFG in Deutschland zum 50. Jahrestag der Reichspogromnacht 1988;
- Wort der Bundesleitung des BEFG: „Unser Dank für 50 Jahre Frieden" 1995 (ein Wort anlässlich der 50. Wiederkehr des Kriegsendes, angeregt von Günter Wieske).

Verwiesen sei auch auf die ausführliche *Stellungnahme der Arbeitsgemeinschaft der Brüdergemeinden im BEFG* von 1995, die zwar erst elf Jahre nach dem Schuldbekenntnis des BEFG in Hamburg verfasst worden ist, aber bereits die Zeichen von wesentlich vertieften Einsichten und damit differenzierten Aussagen enthält.[48]

Und schließlich ist die sehr detaillierte *Handreichung des BEFG „Zum Verhältnis von Juden und Christen"*[49] hervorzuheben, die vom Bundesrat 1997 entgegengenommen wurde.

Diese Dokumentation wird ergänzt wird durch Texte aus anderen Kirchen und vor allem Freikirchen (Teil 2). Dies geschieht aus Vergleichsgründen und mit der Feststellung, dass mit Ausnahme der Methodistenkirche nahezu alle Freikirchen der VEF erst in großem Abstand zu den Ereignissen entsprechende Erklärungen und Schuldbekenntnisse abgegeben haben. Auffällig ist ferner, wie sehr sich Frömmigkeitshintergründe und Argumentation gleichen, auch wenn der Sprachduktus differiert.

---

[47] Siehe Dokumente 1.19, 1.20, 1.23.

[48] Bruderrat der Arbeitsgemeinschaft der Brüdergemeinden, Zur Haltung der Brüdergemeinden während der Zeit des Nationalsozialismus und nach dem Zusammenbruch; den Abgeordneten des Bundesrates des BEFG 1995 in Bochum bekannt gemacht als Drucksache Nr. 14; siehe Dokument 1.25.

[49] Siehe Dokument 1.27.

6. Versuch einer Zusammenfassung

Die Suche nach Schuldbewusstsein und den entsprechenden Bekenntnissen dazu ist ein außerordentlich mühseliges Unterfangen, weil die Entwicklung einer Wahrnehmung der Ereignisse, ihrer nüchternen Bewertung und die daraus resultierende Aufarbeitung eigener Betroffenheit die Bildung eines Schuldbewusstseins zur Voraussetzung hat, das aber grundsätzlich nicht für nötig bzw. für unmöglich gehalten oder zumindest deutlich abgewehrt worden ist.

Gegen die Notwendigkeit sprechen der zeitliche Abstand, der scheinbar nicht erkennbare Nutzen und das mögliche persönliche Unbeteiligtsein. Gegen die Entwicklung eines Schuldbewusstseins sprechen viele Argumente – vornehmlich die Frage, ob einzelne, unbeteiligte Personen (Individuen) für unpersönliche, staatliche Entscheidungsprozesse (Kollektive) überhaupt Verantwortung übernehmen können bzw. müssen. Dazu tritt die Frage, ob eine Gemeinschaft von Menschen, also ein Bund von Gemeinden, Rechenschaft geben muss für das, was außerhalb seiner selbst geschah bzw. geschieht. Und grundsätzlich steht die Frage immer noch im Raum, ob überhaupt eine Verantwortung für das übernommen werden muss, was außerhalb der Gemeinden geschah.

Das Hamburger Schuldbekenntnis hat sich zweifellos deutlich geäußert: Wir haben uns öffentlich nicht mit dem Kampf und Leiden der Bekennenden Kirche verbunden; wir haben versäumt, eindeutig den Verletzungen göttlicher Gebote und Ordnungen zu widerstehen; wir sind als Bund der ideologischen Verführung jener Zeit oft erlegen. Wir sehen uns in die Schuld unseres Volkes und unserer Bundesgemeinschaft verflochten und tragen sie mit.

Auffallende Unterschiede in Einsicht und Aussagen sind in den Baptisten- und den Brüdergemeinden nicht zu entdecken; auch nicht in den anderen Freikirchen, abgesehen von den traditionellen Friedenskirchen (Mennoniten, Quäker). Es stellt sich daher die Frage, woran diese Übereinstimmung liegt.

Gibt es ein gleiches Frömmigkeitsmuster – „die Stillen im Lande"? Oder ein gleiches (Un-) Verständnis vom Verhältnis Staat und Kirche? Oder ein gleiches, überragendes Sendungsbewusstsein? Oder die gleichen Heilserwartungen, die die christliche Verantwortung für die Welt ausklammern?

Die Festschrift der EFG Wilhelmshaven zum 100-jährigen Jubiläum[50] erwähnt für die NS-Zeit einen Bericht der Staatspolizeistelle von 1935 über die Baptistengemeinde, der als deren Ziel und Betätigung feststellt: „Verkündigung des Evangeliums im öffentlichen Gottesdienst, Verwaltung der Sakramente als Taufe und Abendmahl und Pflege des religiösen Lebens der

---

[50] Holger Kelbert, Gehet hin in alle Welt. 100 Jahre Baptisten-Gemeinde in Wilhelmshaven, Wilhelmshaven 1986, S. 56f.

Mitglieder". Über „Stand und politische Einstellung der Mitglieder (allgemein)" lautet die Beurteilung: „Vorstand und Mitglieder sind bisher in politischer, staatsfeindlicher und spionagepolizeilicher Hinsicht nicht in Erscheinung getreten." Ähnlich wird zwei Jahre später die dortige Christliche Versammlung eingeschätzt: „[Sie] leben nach der Bibel und nennen sich Brüder und Schwestern. Politik wird nicht betrieben. Es wird in ihren Bibelstunden für die Regierung gebetet."

Ist dies die Antwort auf die vielen offenen Fragen: „Politik wird nicht betrieben"? Dahinter steht die oft sehr laut und auch heute noch vertretene Auffassung, dass der Raum der Gemeinde ein geschlossener Raum ist (und bleiben muss!). Doch damit wurde und wird verkannt, dass Gottes Wirken keineswegs in diesen Raum exklusiv eingeschlossen und sein Auftrag niemals auf diesen Kreis beschränkt ist. Gottes Machtbereich umschließt die ganze Welt – Demokratien ebenso wie Diktaturen. Wer dies im Denken ausklammert, wird unfähig, nach dem Prinzip Gottes zu handeln. Das missverstandene Verhältnis zum Staat war damals einer der Gründe, die zur Lähmung gegenüber den menschenfeindlichen Trends der NS-Zeit führten und aktiven Widerstand im Namen Gottes verhinderten.

Es bleiben viele Fragen unbeantwortet. Dazu gehört auch das Problem eines freikirchlichen Jesusbildes, das zur Blindheit für die Ereignisse, ihre Zusammenhänge und die Tatenlosigkeit beigetragen hat. Die von Jesus Christus verkündigte und gelebte Nächstenliebe hat jedenfalls nur einseitige Auswirkungen gehabt; sie wurde nicht einmal als Vorbild und Herausforderung entdeckt. Wo blieb seine Option für die Armen und Gedemütigten? Wo landeten seine Kategorien der Gerechtigkeit und des Friedens in der Gemeinde an? Warum hat Solidarität keine Rolle gespielt, wenn jüdischen Geschwistern die Teilnahme am Abendmahl verweigert wurde?[51] Und möglicherweise hängt die Abwehr des Schuldthemas der NS-Zeit damit zusammen, dass eine Beschäftigung mit der eigenen Schuld deshalb verweigert wird, weil man ahnt, dass sie sich als zu schwer erweisen könnte.

Erich Geldbach bezieht sich in seiner Besprechung der Dissertation von Andrea Strübind auf die Schlusssätze aus dem Schuldbekenntnis von 1984, dass man „aus diesem Teil unserer Geschichte lernen" möge, um für die „geistigen Verführungen dieser Zeit" wacher zu sein, und fragt: „Aber wo ist ein solcher Lernprozess ablesbar? Wo und durch wen kommt er in Gang; wie äußert er sich? Ist man nicht weiterhin öffentlichkeitsscheu und gibt auf drängende Fragen keine Antworten, um ja nicht ‚politisch' zu werden?"[52]

---

[51] Dagegen ist allerdings auch anzuführen, dass es mutiges Eintreten für jüdische Gemeindemitglieder gegeben hat, siehe G. Balders, Ein Herr, ein Glaube, eine Taufe, S. 101ff; H.-J. Leisten, Wie alle anderen auch, S. 103ff, sowie im Anhang dazu: Roland Fleischer, Judenchristliche Mitglieder in Baptistengemeinden im „Dritten Reich", S. 157ff.

[52] Theologische Literaturzeitung 117 (1992), Nr.5, S. 371.

Neue Schritte sind nötig und möglich, wenn man „aus der Geschichte lernen will". Dazu regen die Thesen des Vorstandes des Diakoniewerkes TABEA e.V.[53] an:

> „1. Wir Christen wollen und können uns nicht von den jüdischen Wurzeln lösen, aus denen unser Glaube genährt wird. Der Gott Israels ist der Vater Jesu Christi. Folglich bleiben wir mit Gott an die reale Geschichte Israels gebunden.
>
> 2. Wir sind davon überzeugt, dass Erinnerung allein noch nicht zur Versöhnung führt. Daher suchen wir Begegnungen zwischen Menschen.
>
> 3. Unser Gedenken soll zum Handeln führen. Wir wollen als Christen nicht nur an die Nachfolge Christi glauben, sondern sie auch praktizieren. Wo müssen wir heute an der Seite der Unterdrückten und Benachteiligten stehen? Wo die Stimme der Verstummten sein? Wo können wir heute etwas wiedergutmachen oder vorbeugen im Blick auf Benachteiligte?"[54]

Dem füge ich hinzu: Erinnern und Gedenken muss auch zu einer neuen umfassenden Verantwortung unseres geistlichen Lebens für unsere Welt führen – im Blick auf die globalen Herausforderungen wie auch hinsichtlich der erschreckenden Unterdrückung von Recht und Freiheit vieler Menschen.

Und ich wiederhole, was im Geleitwort zitiert wird: „Wer die Vergangenheit vergisst, ist verurteilt, sie zu wiederholen."

> „Wir wissen, dass ein wirkliches Schuldbekenntnis, das nicht wieder nach tausend Entschuldigungen sucht, nur dort laut werden kann, wo ein Mensch von der Barmherzigkeit Gottes weiß und seiner Gnade vertraut. Wir bitten also Gott durch Jesus Christus, unseren Herrn, der für uns gestorben und auferstanden ist, uns zu vergeben, womit wir durch alle diese Jahre schuldig geworden sind.
>
> Wir hoffen zu Gott, dass durch das gemeinsame Bekennen unserer Kirchen dem Geist der Gewalt, des Hasses und der Ungerechtigkeit, der heute so mächtig ist, wie er je war, in aller Welt besser als bisher gesteuert werde und der Geist des Friedens und der Güte sich ausbreite, in dem allen die gequälte Menschheit Genesung finden kann." (Jörg Zink)[55]

---

[53] Emanuel Brandt, Lutz Buchheister, Anneliese Kirschner, Holger Malessa, Helga Sanow.

[54] Siehe Dokument 1.28; eingangs wird festgestellt: „Mit Betroffenheit und innerer Bewegung haben wir die historische Aufarbeitung zum Verhalten TABEAS während der Zeit der nationalsozialistischen Diktatur und des Zweiten Weltkriegs zur Kenntnis genommen und machen sie uns zu eigen."

[55] Aus einem christlichen Schuldbekenntnis für eine Erinnerungsfeier in der Münchner Erlöserkirche 1995, J. Zink, Wir haben geschlafen; siehe Dokument 2.21.

III. Dokumentation

Teil 1 Dokumente aus dem Bund Evangelisch-Freikirchlicher Gemeinden (BEFG)

1.01 Bundesbrief für die Evangelisch-Freikirchlichen Gemeinden, 25. Juni 1945[56]

Zuerst eine Besinnung:

„Denn der Herr hat mich den Weg geführt." 1. Mos. 24, 37.

In tiefer Demütigung beugen wir uns unter die Hand Gottes, die uns führt.

1. Im Blick auf die gegenwärtige Stunde des Zusammenbruchs in unserm Volke sprechen wir mit Jeremia in seinen Klageliedern 3, 37: „Wer darf denn sagen, dass solches geschehe ohne des Herrn Befehl?" So erkennen wir die Auflösung eines vom Herrn abgewandten Führertums, die Aufdeckung wie Beseitigung unglaublicher Brutalitäten der Gewalthaber und das Gericht, in dem wir mit unserm Volke noch stehen. Quälende Fragen und ernste Gebete steigen zu Gott empor. Möge Gottes Geist aus dieser schweren Heimsuchung eine geistliche Erweckung wirken, damit alle in ihrem äußeren und inneren Elend das Heil in Christus erfahren und viele es annehmen! Als Gemeinden möchten wir nach wie vor einzig Botschafter sein an Christi Statt: „Lasset Euch versöhnen mit Gott!" Der Herr hat uns in diese Stunde geführt.

2. Diese Einkehr veranlasst uns zu einem Rückblick auf den Anfang unseres Weges. Als unsere Väter Anfang bis Mitte des 19.Jahrhunderts wegen ihrer konsequent biblischen und missionarischen Haltung von der damals verweltlichten Kirche arg bedrängt und nach der Gründung der Baptisten- und andrer freiwilliger Christengemeinden sogar von den Dienern der Kirche durch die Organe des Staates bis ins Gefängnis und bis zur Enteignung von Hab und Gut verfolgt wurden, erwies sich doch in der nun mehr als 110-jährigen Geschichte durch den reichen Segen, den Gott durch unsere Gemeinden in das eigene Volk und in andere europäische Länder strömen ließ, „dass der Herr uns den Weg geführt" hat. Wir erkennen dankbar an, dass in den Anfangsjahren und später von englischen und amerikanischen Brüdern wertvolle Anregungen des Glaubens und manche Hilfe zu uns kam. Unvergessen

---

[56] In: Bundespost 1945-1949, Bundesbrief für die Evangelisch-Freikirchlichen Gemeinden im Westen Deutschlands [...] am 25. Juni 1945, Oncken-Archiv Elstal, Bestand ARC Dg 6. Der Brief, der auch weitere Informationen an die Gemeinden enthält, ist unterzeichnet von W. Vogelbusch und W. Riemenschneider. Er stammt vermutlich von Bundesdirektor Paul Schmidt.

bleibt auch – trotz der nun zweiten Störung durch einen Weltkrieg – die übernationale Gemeinschaft der Gemeinde Jesu auf der ganzen Erde – „denn der Herr hat mich den Weg geführt".

3. Nicht minder bestätigt diese Erkenntnis ein Blick in das jüngste Zusammenwachsen unserer Gemeinden aus Baptisten, Christlicher Versammlung bzw. Bund freikirchlicher Christen und Offenen Brüdern. Um allen aus dem Kriege heimkehrenden Brüdern einen genauen Überblick zu vermitteln, beschreiben wir diesen Wegabschnitt ausführlicher. Anfang April 1937 wurde in Hamburg auf der 4. baptistischen Theologischen Tagung in einer Gebetsgemeinschaft der 170 Brüder auf innere Eingebung einmütig die Anregung zu engerer Gemeinschaft der Gemeindechristen aufgenommen. Anschließend besuchten die Brüder P. Schmidt und Rockschies in Elberfeld Bruder E. Brockhaus und andere führende Brüder der Christlichen Versammlung und hörten zu ihrer Überraschung, dass dort ähnliche Gedanken der Verbindung mit andern Gläubigen bereits besprochen waren. An diesem Trieb des Herrn der Brüder zueinander änderte auch das dann folgende Verbot der Christlichen Versammlung und die Ende Mai sich vollziehende Entstehung des Bundes freikirchlicher Christen, in dem der Staat die einzige Möglichkeit der Sammlung der Glieder der verbotenen Christlichen Versammlung gestattete, nicht. Dieses wie das Gottesgeschenk der Vereinigung der Offenen Brüder mit dem Bund freikirchlicher Christen am 20. August 1937 in Kassel, wie die erste Gemeinschaftstagung von Vertretern der Baptisten, der Freien evangelischen Gemeinden und des Bundes freikirchlicher Christen vom 26. bis 30. September 1938 in Weltersbach, dann die Vereinbarung von Richtlinien für das Zusammenleben und Zusammenarbeiten der drei Gemeindetypen am 22. November 1938 im Bundesverlag in Witten, ferner die zweite Gemeinschaftstagung von Vertretern derselben Gemeinden vom 17. bis 21. April 1939 in Solingen-Aufderhöhe mit der Entschließung: „alle drei Bundesleitungen zu bitten, den Zusammenschluss in die Wege zu leiten", danach die Elberfelder Konferenz Himmelfahrt 1939 mit dem nach offener, freier Aussprache gefassten Beschluss der Vertreter des Bundes freikirchlicher Christen „die Vereinigung der drei Bünde zu einem zu verwirklichen und, falls die Freien evangelischen Gemeinden sich dazu noch nicht in der Lage sehen sollten, den Zusammenschluss mit den Baptisten allein zu vollziehen" und auch die Sitzung von je 5 Vertretern der Methodisten, der Evangelischen Gemeinschaft, der Freien evangelischen Gemeinden, des Bundes freikirchlicher Christen und der Baptisten am 21. Juni 1939 in Patmos über die Frage des Zusammenschlusses aller fünf Gemeindegruppen in einer Freikirche waren Schritte zu weiterer Klärung des Weges. Als dann das durch den Krieg unterbrochene Gespräch im Oktober 1940 durch Brüder vom Bund freikirchlicher Christen zur organisatorischen Vereinigung mit den Baptisten wieder aufgenommen und am 2. und 3. November 1940 in Dortmund von Vertretern beider Bundesleitungen zu gemeinsamer Beratung von Einzelfragen fortgeführt und eine nochmalige herzliche Einladung an die Freien evangelischen Gemeinden zur Beteiligung von diesen leider Ende November negativ beschieden

wurde, erfolgte am 6. Dezember die einmütige Zustimmung der Bundesleitung der Baptisten und am 15. Dezember der offizielle Beschluss des Bundes freikirchlicher Christen für das Zusammengehen der beiden Bünde in einen. Kein Teilnehmer wird je die erhebenden Eindrücke vergessen, als am 22. Februar 1941 auf der Bundeskonferenz in Berlin in der Kapelle Gubener Straße die Namensänderung und Vereinigung beider Bünde zum Bund Evangelisch-Freikirchlicher Gemeinden in Deutschland beschlossen und alle in geistgewirkter Einheit beim Brotbrechen zur Verkündigung des Opfertodes um den Tisch des Herrn versammelt waren!

Alle diese Besprechungen und Beschlüsse wurden ohne politische Motive oder Ziele, allein aus dem verantwortlichen Hören des Willens Jesu in Joh. 17, 11.21a.21.b.22.23: „dass sie alle e i n s seien" geführt und in herzlicher Bruderliebe von dem aufrichtigen Bemühen getragen, die Einheit der Gemeinde Jesu vor der Welt, die an der Zersplitterung des Gottesvolkes vielfach irre ward, deutlicher darzustellen. Joh. 17, 21.

Wir mussten sogar erleben, dass der Verwirklichung dieser Gedanken durch Gestapo und Partei starke Widerstände bis zur Drohung eines Gesamtverbots entgegentraten. Als schließlich nach einem Warten von über 20 Monaten unterm 30. Oktober 1942 doch die Genehmigung des Staates durch den Reichskirchenminister erteilt wurde, konnten wir in dieser plötzlichen Wendung der Dinge und in der Tatsache, dass auch die alten Körperschaftsrechte der Baptisten auf den neuen Bund übertragen wurden, eine freundliche Fügung Gottes erkennen, „denn der Herr hat mich den Weg geführt". Daran ändern auch menschliche Gedanken und ein verstehbares Halten einzelner an Traditionen und liebgewordenen Gewohnheiten nichts. Es sind ja kaum drei bis vier Jahre gemeinsamen Weges, noch dazu unter Kriegsverhältnissen, zurückgelegt, während doch ein bis zwei Generationen nötig sind, um zwei so eigen geprägte Gemeindegebilde zu verschmelzen. Manche guten Beispiele von Gemeinden und besonders zahlreiche in der Jugend- und Sonntagschularbeit sind liebliche Ermunterungen, auf dem vom Herrn geführten Wege gläubig voranzuschreiten.

4. Ein Blick in das gegenwärtige Wirken des Geistes Jesu in vielen Gläubigen um uns her scheint uns darauf hinweisen zu wollen – trotz der oder gerade durch die Not der Zeit –: Jesus sammelt seine Gemeinde. Noch ist nicht zu erkennen, wie er es vollführen wird. Wir wollen jedenfalls bereit sein, auf den Ruf des Herrn zu achten, wenn nötig, eigenes zurückzustellen und uns vom Herrn führen zu lassen.

Hoffend und bittend, dass alle Gemeinden und einsamen Geschwister keinen anderen Maßstab zur Orientierung und Entscheidung in allen Glaubens- und Lebensfragen für höher und bindend erachten als den Willen Jesu und die Weisung der Schrift, befleißigen wir uns nach Eph. 4, 1-16 (bitte lesen!), die Einheit des Geistes zu bewahren in dem Bande des Friedens.

In Demut bitten wir um Gottes Gnade und Vertrauen dem Herrn, dass er uns ferner den rechten Weg führen wird.

1.02 Bundesleitung des BEFG, Brüderliche Verlautbarung an die Gemeinden, 25./26. Juli 1945[57]

Die in Wiedenest zum ersten Mal seit Kriegsende versammelten Brüder der Bundesleitung wenden sich mit folgender Verlautbarung an die Gemeinden des Bundes:

Wir stehen erschüttert am Grab der politischen Größe Deutschlands und beugen uns unter das furchtbare Gericht, das Gott über unser geschlagenes Volk verhängt hat. Auch das Werk unserer Gemeinden ist in diesen Zusammenbruch mit hineingezogen. Viele Gemeinden sind zerstreut oder obdachlos. Mitten durch den Bund geht die Trennungslinie zwischen westlicher und östlicher Besatzungsmacht. Noch können wir nicht den ganzen Umfang des Schadens ermessen und noch immer sehen wir das Ende des Niedergangs nicht ab.

Und doch glauben wir allen Grund zu haben, Gott für alle Bewahrung und Führung in schweren und schwersten Stunden danken zu müssen. Er hat zerfallen lassen, was unsere Hand gebaut, aber Er hat gnädig behütet, was Er in uns und unter uns aus neuem Geist geschaffen hat. Die Menschen Gottes stehen überall zu neuer Arbeit bereit. Neue Wege zur Ausbreitung des Evangeliums in Wort und Schrift öffnen sich. Viele Hemmungen vergangener Jahre sind gefallen. Unser seelsorgerlicher Dienst am Volk kann wieder ungehindert geschehen.

Vor allem aber freuen wir uns, dass auch die Gemeinschaft im neuen, während des Krieges gegründeten Bunde keinerlei Trübung und Kürzung erfahren hat. Gerade jetzt, wo die Schrumpfung des Gemeindewerkes einen so ungewöhnlichen Umfang erreicht, fühlen wir uns verpflichtet, stärker denn je zusammenzuhalten und da, wo es möglich und nötig ist, uns noch weiter zusammenzuschließen, damit wir von der Mannigfaltigkeit und vom Reichtum am Leib Christi gewinnen. Den Weg in die Vereinzelung wieder zurückzugehen, ist uns weder innerlich noch äußerlich möglich, zumal wir ihn nicht aus politischen Gründen gegangen sind, sondern im Gehorsam gegen den Willen des Herrn. In frohem Glauben an Gottes Macht und Gnade wollen wir vielmehr alle Kräfte in unserer Mitte zusammenfassen, damit wir den Auftrag des Herrn an die Gemeinde für unsere Zeit erfüllen. Mit neuer Treue und Hingabe möchten wir das Wort Gottes verkündigen und um Seelen werben. Abseits von allem politischen Denken und Wägen möchten wir Samariterdienst am blutenden Körper unseres Volkes verrichten, solange es Tag heißt und wir wirken dürfen.

Wir grüßen in dieser Stunde die Brüder, die als Soldaten unseres Heeres in vergangenen Jahren für uns ihr Leben eingesetzt haben und nun in die Heimat zurückgekehrt sind.

---

[57] Sitzung der Bundesleitung am 25./26 Juli 1945 unter dem Vorsitz von P. Schmidt; im Protokoll heißt es einleitend unter Punkt 3: „Nach einer eingehenden Aussprache über die neue Lage wird folgender Entschluss gefasst". In: Protokollbuch vom 22.2.1941-19.10.1950, Bundesleitungsprotokoll vom 25. und 26. Juli 1945 in Wiedenest, Oncken-Archiv Elstal, Bestand A 4.15, S. 111ff.; vgl. Bundespost 1, Ende September 1945, Oncken-Archiv Elstal, Bestand ARC Dg 6.

1.03 Friedrich Rockschies, Aufzeichnungen, 1945[58]

Die Schuld am zweiten Weltkrieg

Schuld will keiner haben! Nur wenige sollen die Schuldigen sein. Diese Wenigen sollen für alle die Lasten tragen und alle Strafe erdulden. Die Massen, Feinde und Freunde, reden von ihrer Unschuld, wissen sich wie Engel vollkommen rein und wollen von aller Verantwortung für das Weltunglück frei sein. So hat man über eigene Schuld zu aller Zeit gedacht und andere für sich schuldig gemacht. Die tiefste Quelle, aus der die Schuld am zweiten Weltkrieg schnell und stark gewachsen ist, war die Not, die nach dem ersten Weltkrieg über Deutschland gekommen ist. Hitler und sein Wahnsinn war eine Notgeburt. Nur in der großen Not konnte im deutschen Volke der Radikalismus der Nazis einen so fruchtbaren Boden gewinnen. Die Umstellung von der Kriegsproduktion auf Friedensproduktion ist in Deutschland nach dem ersten Weltkrieg nicht gleich gelungen. [*Randnotiz*: Die Inflation kannte keine Schranke, nur Deutschland war bereit alle zu befriedigen.] Die Arbeitslosigkeit und soziale Verelendung nahmen überhand, viele Parteien wuchsen wie Pilze nach dem Regen aus der Erde und jede Partei wollte allein Herrscherin sein. Der Kampf kannte unter diesem Streben zur Macht keine Grenzen. Die Forderungen, die an Deutschland von allen Seiten gestellt wurden, verloren jedes Maß. Auch Fürsten, ihre Frauen und Freundinnen waren unter den Fordernden. Und so haben sie alle die große Not über Deutschland gebracht. Die Not ist aber immer eine große Gefahr im Leben des Einzelnen und im Leben eines Volkes. Die Not ist eine Schuldenquelle, sie trägt die Schuld auf jeder Welle.

Dann wuchs die Schuld aus einem Trugbildrausch. Hitler fütterte die Massen in großen Versammlungen durch Wort und Schrift in einer noch nie dagewesenen Weise mit Trugbildern. Die Kinder haben den Wahn geglaubt. Das deutsche Volk aber besteht in seiner Mehrzahl auf politischem Gebiet aus intelligenten, fleißigen, gutgläubigen Kindern. Es ist für alle Experimente leicht zugänglich und fällt nur *[3 Worte unleserlich]* raffinierten Gaunern zum Opfer, wenn sie ihre Gaunereien einigermaßen annehmbar laut und stark beweisen können. Die Frevler wurden im Trugbild trunken, dünkten sich über alles erhaben und glaubten, der Weltkrieg und Weltsieg wäre ein Kinderspiel und die meisten Deutschen lieferten unter Druck und Zwang ihre Kinder den Verbrechern aus. Immer aber auch im Trugbildrausch. Das Trugbild ward der [*eingefügt*: in Deutschl.] große Traum, die Wahrheit hatte [*eingefügt*: in Deutschl.]

---

[58] Die undatierten Texte sind vermutlich Mitte 1945 aufgeschrieben worden. F. Rockschies war ab 1920 Prediger in der Baptistengemeinde Berlin, Schmidstraße, seit 1930 Vorsitzender der Bundesverwaltung und ab 1933 einer der Bundesältesten. Er starb am 8.10.1945 in Niederfinow im Alter von 70 Jahren. In: Oncken-Archiv Elstal, Bestand H 1 NL Friedrich Rockschies, Da6, o.D. [1945]; vgl. Die Gemeinde (1995), Nr. 29, S. 6.

keinen Raum. [*Randnotiz:* auch bei uns. Verb.[59] keinen Raum. Sie hatten auch gern mit Deutsch die Welt beherrscht.] So ward der Glaube an das Trugbild zum Verbrechen, die Frevler muss aber einst ein härteres Urteil treffen.

Die Siegermächte des ersten Weltkrieges haben aber an der Schuld einen großen Anteil. In diesem Stück ist es nicht genug, dass die Mächte ihren Anteil kennen und es unter sich auch aussprechen, nein diese Wahrheit muss ins volle Licht. Denn nur die Wahrheit macht die Welt frei von jeder Tyrannei. Das ist das starke Fundament von jeder Freiheit in der Welt, sie erhöht das Recht auf den Thron.

Die Siegermächte haben Hitler in seiner ersten Zeit nicht ernst genommen, sie haben seinem Treiben lässig zugeschaut. [*Randnotiz:* Sie sahen ruhig zu, wie er aus Deutschland ein Zuchthaus machte. Wie soll man sich im Zuchthaus wehren?] Sie haben seine ersten Raubzüge sich gefallen lassen, ja sie haben seine ersten Raubzüge ihm sogar anerkannt. Das hat seinen Eroberungswahn bis ins Unendliche gesteigert und die Katastrophe rollte über Europa. So haben alle den tiefen Abgrund, in dem sich nun die Welt befindet, mitgegraben, glücklicherweise sind nicht alle in die ganze Tiefe dieses Abgrunds hineingekommen, so dass einer dem anderen mit der Zeit aus der unheimlichen Tiefe des Elends heraushelfen kann. Man merkt ja jetzt schon der so genannten Feinde Helferhand. Und die Rache wird doch wohl mit der Zeit aus der Welt verbannt. Es gibt keine besseren und schlechteren Völker in der Welt, sondern anders gewordene, anders geschulte, auf einem anderen Niveau lebende. *[gestrichen: Es gibt weise und unweise, es gibt geführte und verführte Menschen und Völker. Es gibt Sklaven und Freie.]* Das liegt im Werdegang, im Raum und in der Führerschicht der Völker, die nicht nur Jahrzehnte sondern Jahrhunderte lange Entwicklung hinter sich haben.

Jeder muss nun seinen Anteil von der Schuld auf sich nehmen und ihn abtragen. Das ist der einzige Weg in eine bessere Welt.

Ein Beitrag zur Kriegsschuld in Reim.

Die Schuld

Schuld will keiner haben
Nur wenige sollen die Schuldigen sein
Die Nahen wollen keine Lasten tragen
Die Fernen sind vollkommen rein
So hat man über Schuld zu aller Zeit gedacht
Und Schuldige für eigene Schuld gemacht.

---

[59] Abkürzung „uns. Verb." mit Bezug auf den vorangehenden Abschnitt möglicherweise: „unsere Verbrecher".

Schuld, die alle haben
Die Schuld kam aus der Not!
Von allen wurde sie herbeigetragen
Sie förderten den Tod
Die Not ist eine Schuldenquelle
Sie trägt die Schuld auf jeder Welle.

Schuld, die alle haben
Die Nahen haben ihr geglaubt
Die Fernen dünkten sich erhaben
Und haben lächelnd zugeschaut
So ward der Glaube ein Verbrechen
Das Lachen muss ein härteres Urteil treffen.

Schuld, die alle haben
Im Trugbildrausch!
Die Nahen wollen Weltsieg wagen
Die Fernen liefern Kinder den Verbrechern aus
Das Trugbild wird der große Traum
Die Wahrheit hatte keinen Raum.

Schuld, die alle haben
Muss in das klare Licht
Die Wahrheit kann man würdig tragen
Und man verzweifelt nicht
Die Wahrheit ist das Fundament
Für jede Freiheit in der Völkerwelt.

Schuld, die alle haben
Sie hat uns in das Leid verbannt
Wir müssen sie abtragen
Ein jeder hat sein Teil erkannt
Nur so kann unsere Feindschaft sterben
Und Freiheit wieder unser werden.

Schuld, die alle haben
Im Abgrund unserer Not
Uns soll Vertrau'n zur Höhe tragen
Die Fernen wollen nicht den Tod
In Tiefen sieht man ihre Helferhand
Und Rache sei für alle Zeit verbannt.

Das ist der Weg der Schuldigen
In eine bessere Welt
Dem Rechte muss man huldigen
Und tun, was ihm gefällt
Das Recht macht alle frei
Von jeder Tyrannei!

Fr[iedrich] R[ockschies]

1.04 Stuart W. Herman, Notes on the Baptist Church in Germany, 17. und 20. Oktober 1945[60]

[Die Notizen berichten von Interviews mit Pastor Ewald Fiedler, Stuttgart (am 20.9.1945) und Pastor Gideon Dreisbach, München (am 17. Oktober 1945), in denen es zunächst um die Nachkriegssituation der Baptistengemeinden in Süddeutschland geht.]

Zur Zeit wird ein Versuch unternommen mit Evangelisation in Zelten, freilich ohne große Ergebnisse zu erwarten. Einer der Gründe dafür liegt wohl darin, dass Zeltmission in Deutschland nichts Neues darstellt, denn diese Arbeit wurde regelmäßig bis 1939 durchgeführt. Doch gibt es auch andere Gründe. Fiedler empfindet, dass Nichtchristen in Deutschland heute keine besondere Lust auf Christentum haben.

Ein anderer Grund, den Fiedler nicht nannte, wird zu finden sein in der früheren Haltung der Baptistengemeinden gegenüber dem Nazi-Regime. Der Leiter des Baptistenbundes in Deutschland stand in enger Verbindung mit Bischof Melle bei deren unglücklichen Erklärungen über religiöse Freiheit unter Hitler bei der Konferenz in Oxford 1937[61]. Fiedler stellt fest, dass die Baptistengemeinden die Aussagen von Pastor Paul Schmidt nicht unterstützten, aber andererseits keinen Schritt getan oder erwogen haben, ihn von seinem Amt zu entfer-

---

[60] Der Lutheraner Herman war von 1936 bis 1941 als Pfarrer in der Berliner US-Botschaft tätig; er gehörte als Sekretär der Abteilung Wiederaufbau des Ökumenischen Rates in Genf an und besuchte als erster US-Kirchenvertreter das Nachkriegsdeutschland in der amerikanischen Besatzungszone. Er war Mitglied der Ökumenischen Delegation, die in Stuttgart mit Vertretern der Evangelischen Kirche zusammentraf (siehe 2.02); in: Clemens Vollnhals (Bearb.), Die evangelische Kirche nach dem Zusammenbruch. Berichte ausländischer Beobachter aus dem Jahre 1945, (Reihe Arbeiten zur kirchlichen Zeitgeschichte A Bd. 3), Göttingen 1988, Dokument 56, S. 233-237 (Übersetzung aus dem Englischen: H. Szobries).

[61] Melle und Schmidt hatten als Vertreter der deutschen Freikirchen auf der Ökumenischen Weltkonferenz für Praktisches Christentum erklärt, und zwar entsprechend den Direktiven des Kirchlichen Außenamtes der DEK und der deutschen Botschaft in London, dass in Deutschland „volle Freiheit der Verkündigung des Evangeliums von Christus" bestehe, und „die nationale Erhebung des deutschen Volkes als eine Tat göttlicher Vorsehung" gepriesen; ebd. S. 235, Anm. 2.

nen. Fiedler [...] glaubt, dass die Existenz der Freikirchen in Deutschland geschützt wurde einerseits durch Schmidts vorsichtige Politik und andererseits durch den radikalen Widerstand der Bekennenden Kirche.

Am 17. Oktober führte ich ein Gespräch mit dem Leiter der Baptistengemeinden in Bayern, Pastor Dreisbach, in München/Solln. Er scheint, wie Fiedler, ein ungewöhnlich frommer und mutiger Mann zu sein, tatsächlich teilt er mit, dass er ausländische Rundfunkstationen abgehört habe während des Krieges. Seine Haltung unterscheidet sich von vielen deutschen Pastoren, weil er ungefähr zehn Jahre in Zürich verbrachte, bevor er die Berufung nach München 1942 angenommen hat; damals wurde er oft aufgefordert, bei der Gestapo zu erscheinen. Er gesteht zu, dass die Position der Baptisten in Bayern sehr schwach war; tatsächlich nicht mehr als eine Reihe von Missionsstationen. Von den fünf Kapellen der Baptisten ist nur eine in Bayreuth intakt geblieben. [...]

Die gesamte Haltung der Baptisten scheint nicht sehr gestärkt worden zu sein durch das erste Schreiben der „Bundespost" des Baptistenbundes, das mit Schmidts Unterschrift Ende September herausgegeben wurde.[62] Das Schreiben beginnt mit Grüßen an alle Gemeinden, die in dem „dicht-gedrängten" Deutschland übriggeblieben sind, legt den Text aus Psalm 90 ans Herz: „Gott ist unsere Zuflucht und Stärke". Es fährt fort mit der Feststellung, dass kein Kontakt mehr besteht zu den 140 Gemeinden östlich der Oder, zu denen etwa 43.000 Mitglieder gehörten, die von 130 Pastoren betreut wurden.

[Den Schlussteil dieser Notizen bildet ein längeres Zitat – beginnend mit „Wir stehen erschüttert am Grab der politischen Größe Deutschlands..." – aus der Verlautbarung der Bundesleitung vom 25./26. Juli 1945[63]]

1.05 Friedrich Wilhelm von Viebahn, Schuldbekenntnis, 28. Februar 1946[64]

Wir mussten alle, die wir Gottes Gebote und sein Wort kennen, viel früher als jetzt, nachdem das ganze Unglück geschehen ist, klar erkennen, dass Deutschland gar keinen Anspruch hat, auf den sagenhaften großen Alliierten zu rechnen, nachdem Deutschland durch die Aus-

---

[62] Dieses Schreiben ist hier nicht dokumentiert.

[63] Siehe Dokument 1.02.

[64] F.W. von Viebahn (1878-1958), Schiffbauingenieur und Mitglied einer Brüdergemeinde, forderte im Februar 1946 von der Bundesleitung ein umfassendes Schuldbekenntnis ein; sein Text wird dokumentiert in: A. Strübind, Die unfreie Freikirche, S. 310. A. Strübind bemerkt dazu: „Dieses radikale Schuldbekenntnis, das im Gegensatz zu anderen konkrete Verfehlungen der christlichen Kirchen benannte, wurde schweigend übergangen."

rottung der Juden, durch die Grausamkeiten in den besetzten Ländern, durch den Terror der „KZ-Lager", durch den Kampf gegen das Christentum sich wider Gott gekehrt und Blutschuld auf sich gebracht hatte. Gerade wir gereiften Christen hätten vom Boden der heiligen Schrift her viel kritischer und objektiver in diesen politischen Fragen sein müssen. Aber wir hatten keinen klaren Durchblick. Deshalb sind wir persönlich mitschuldig geworden an dem furchtbaren Unrecht, das geschah, und persönlich mitschuldig an dem großen Unglück unseres Volkes. Das müssen wir für uns persönlich einsehen und bekennen! Es sollte aber auch in den christlichen Kreisen und Gemeinden viel klarer und ausführlicher darüber gesprochen werden, um für die Gegenwart und Zukunft aus unserem Versagen zu lernen!

1.06 Hans Rockel, Der Weg durch die Schuld, 14. April 1946[65]

Der Weg durch die Schuld

Es ist unmöglich, heute von Schuld zu sprechen, ohne an die allgemeine Schuld zu denken, die über uns als Volk gekommen ist. Viele sagen allerdings, es hätte keinen Sinn, davon zu sprechen, denn kein Mensch sei in der Lage, die Schuldfrage zu lösen. Andere lehnen es ab, dazu Stellung zu nehmen, mit der Begründung, dass unser trauriges Schicksal Strafe genug sei auch für die größte Schuld. Und es gibt viele, die sich wehren von Schuld zu sprechen, weil sie fürchten, damit das Letzte preiszugeben.

Wir dürfen nicht vor der Schuldfrage stehen bleiben oder uns streiten über die Notwendigkeit eines Schuldbekenntnisses. Es geht um mehr, es geht darum, dass wir zu Gott finden. Die Frage ist die, wohin soll der Weg durch die Schuld führen, zu neuer Schuld, zur Verbitterung, zur Rache? Nein, zu Gott. Und die frohe Botschaft, die wir im Blick auf unsere Lage zu verkündigen haben, lautet: Es gibt tatsächlich einen Weg, der durch die Schuld hindurchführt, den Weg, den Jesus uns zeigt mit der Bitte: *„Vergib uns unsere Schuld!"*

Wenn wir allen Ernstes heute so beten würden, dann hätten wir den Weg gefunden, der durch die Schuld hindurchführt, denn wir stünden vor Gott. Und darauf kommt es an.

Niemand von uns vermag den totalen Zusammenbruch des deutschen Reiches im Sinnzusammenhang der Geschichte zu deuten. Wir stehen im Blick auf die furchtbaren Tatsachen, die mit der Niederlage unseres Heeres endgültig offenbar geworden sind, vor der Frage nach Gott. Und es ist uns allen klar, dass Gott uns sehr gnädig sein müsse, um uns nicht

---

[65] Hans Rockel, 1939-1971 Lehrer am Theologischen Seminar in Hamburg, hielt den Vortrag auf Einladung der Evangelischen Allianz in Düsseldorf. Text in: Oncken-Archiv Elstal, Bestand H 1 NL Hans Rockel D 13; vgl. Die Gemeinde (1995), Nr. 29, S. 6 (kursive Hervorhebungen im Text sind im Original gesperrt).

unserem Schicksal zu überlassen. Dass wir einen neuen Anfang machen dürfen, ist die große Verheißung, die uns in diesem Gericht geblieben ist. Deshalb sind wir wohl am Ende, aber zugleich an einem neuen Anfang. Gott will einen neuen Anfang mit uns machen. Am Anfang aber steht das Wort: „Und Gott sprach". Soll aus dem Chaos, in das wir alle gestürzt sind, eine neue Welt werden, so muss Gott das entscheidende Wort sprechen. Das Wort, mit dem Gott einen neuen Anfang setzt, ist das Wort der Vergebung: „Deine Sünden sind die vergeben, sündige hinfort nicht mehr." Täuschen wir uns nicht, die Welt wird nicht anders durch die Katastrophen, die über sie hereinbrechen. „Die Geschichte lehrt, dass man aus der Geschichte nichts lernt." Es ist heute schon wieder fraglich, ob aus der Geschichte dieses Krieges wirklich soviel gelernt worden ist, dass wir hoffen können, die Weltgeschichte wird nun nach anderen Grundsätzen als nach denen von Macht und Gewalt ihren weiteren Verlauf nehmen. Wir würden heute wohl genau so wie vorher weitermachen, wenn man uns nicht die Waffen aus der Hand geschlagen hätte. Die Geschichte des alten jüdischen Volkes ist das erschütterndste Beispiel dafür, dass auch die schwersten Gerichte keine entscheidende Wendung bringen. Diese Wendung kommt allein mit Jesus Christus. Er ist das Wort, mit dem Gott den neuen Anfang gesetzt hat in der Geschichte der Menschheit. Jesus Christus ist das Wort, durch das allein auch für unser Volk ein neuer Anfang möglich ist. Jesus Christus aber bedeutet Vergebung der Sünden und ein ewiges Leben.

[es folgt Auslegung zu Luk. 18, 9-14 Pharisäer und Zöllner]

Jeder muss für sich den Weg durch die Schuld hindurch gehen, anders werden wir alle nicht frei. Wir müssen unsere Augen niederschlagen, so dass wir die Schuld der anderen nicht sehen. Es geht um *unsere* Schuld: „Gott sei mir Sünder gnädig."

[es folgt Auslegung zu Joh. 8, 1-11 Jesus und die Ehebrecherin]

Im Vergleich mit dem, was andere getan haben, mögen wir vielleicht ein ruhiges Gewissen haben in der Meinung, wir hätten nicht anders handeln können. Trifft uns aber der Blick Jesu, dann dürfte uns deutlich werden, dass wir als deutsche Menschen und nicht zuletzt als Christen auch einen ganz anderen Weg hätten gehen können als den, den wir gegangen sind, den Jesusweg. Es gibt tatsächlich auch diese Möglichkeit, dass man mit Jesus den Weg Gottes geht. Es ist um Gottes Willen nicht wahr, dass wir alle nicht anders haben handeln können. Wir hätten anders gehandelt, wenn wir mit ganzer Entschlossenheit und fester Glaubensgewissheit den Gottesweg gegangen wären. Das wird uns klar, wenn uns der Blick Jesu trifft.

Man kann allerdings dem Blick Jesu auch ausweichen, man kann innerlich von seiner Schuld überzeugt sein und das Bekenntnis doch nicht über seine Lippen bringen. So gingen die Männer von Jesus fort, obwohl sie in ihrem Gewissen von ihrer Schuld überzeugt waren. Wir sind selbst als Christen in großer Versuchung, das Bekenntnis unserer Schuld zu verbergen. Wir sind zwar durch die Tatsachen, die als Schuld unseres Volkes enthüllt worden sind, aus der Sicherheit eines guten Gewissens herausgeworfen, aber das Wort des Christus sagt uns noch mehr als das, was geschehen ist. Es gibt keinen anderen Weg durch die Schuld als das Bekenntnis: „Vergib uns unsere Schuld."

[es folgen Auslegungen zu Matth. 6, 6 Gebet im Kämmerlein und zu Luk. 19, 1-10 Zachäus]

Unser Volk mag darauf verzichten können zu erfahren, was wir als Christen vor Gott zu bekennen haben, aber Gott verzichtet nicht darauf, das offenbar zu machen, was er durch Christus an uns tut, so wir unsere Schuld bekennen. Die Welt braucht nicht erst unser Schuldbekenntnis, um von unserer Schuld überzeugt zu werden, aber die Welt braucht das Zeugnis, dass Gott Macht hat, Sünden zu vergeben. Dass die Gewalt der Waffen über uns gesiegt hat, dafür werden die Trümmer unserer großen Städte für viele Jahre ein erschütterndes Zeugnis sein. Dass aber Gott über uns den Sieg behalten hat durch das Wort der Vergebung, dafür müssen wir erst vor der Welt den Beweis erbringen. Darum kommt alles darauf an, dass wir den Weg durch die Schuld gehen, den Jesus uns zeigt, indem er uns die Bitte in den Mund legt: „Vergib uns unsere Schuld." Wir bekennen damit, dass wir die Besiegten sind, aber die von Gott Besiegten.

[es folgt Auslegung zu Matth. 5, 3-12 Seligpreisungen]

Der Weg durch die Schuld, den Jesus uns zeigt, führt zum Sieg Gottes über den Schuldigen. „Vergib uns unsere Schuld, wie wir vergeben unseren Schuldigern." *Wir bekennen mit dieser Bitte: Gott hat über uns den Sieg behalten, und wir bitten in diesem Gebet: Gott, mache deinen Sieg über uns vor aller Welt offenbar um Jesu willen, denn Dein ist das Reich und die Kraft u. die Herrlichkeit in Ewigkeit, Amen.*

1.07 Paul Schmidt, Unser Weg als BEFG in den Jahren 1941-1946, Bericht an den Bundesrat, 24.-26. Mai 1946 (Auszug)[66]

Unser Weg als Bund Evangelisch-Freikirchlicher Gemeinden in den Jahren 1941-1946. Bericht an den Bundesrat in der Sitzung vom 24.-26. Mai 1946 in Velbert

Unsere Haltung und unser Weg

[...] Die Haltung des Bundes im totalen Staat ergab sich immer wieder von neuem aus der

---

[66] Dieser Bericht des Bundesdirektors Paul Schmidt wurde als Broschüre veröffentlicht: Verlag J.G. Oncken Nachf., Stuttgart 1946, 23 S. Es ist vorgesehen, den sehr viel umfangreicheren Bericht und die Reaktionen darauf (siehe z.B. Dokument 1.08) in einer nächsten Folge der Reihe „Baptismus-Dokumentation" vollständig zu dokumentieren.

Verpflichtung, die der Apostel Paulus in Römer 13 der Gemeinde auferlegt hat. Das klare Wort von Römer 13 kann nicht gut umgebogen oder nur für besondere Verhältnisse bindend erklärt werden. Dieses Wort aber verwehrt der Gemeinde eine politisch-revolutionäre Haltung und verpflichtet sie auch für Zeiten, die dem Einzelnen und seinem persönlichen Freiheitsstreben sehr entgegen sind. Die Frage, muss die Gemeinde, muss der Bund sich nicht erheben und müssen sie nicht in das politische Hoheitsgebiet hineinsprechen, auch wenn damit ihre äußere Existenz aufs Spiel gesetzt wird, hat uns oft bewegt und ist mehr als einmal erörtert worden. Immer wieder wurde die Frage in das Licht von Römer 13 gerückt und immer wieder wurde von neuem erkannt, dass das große Nein der Gemeinde Jesu gegenüber dem Staat und seiner Führung erst dann zu sprechen sei, wenn die Verkündigung des Evangeliums verboten werde und die persönliche christliche Lebensführung desgleichen. Immer wieder gewann die Überzeugung die Oberhand, dass der Einsatz der Gemeinde, auch wenn es dadurch zu ihrer Auflösung komme, dann gerechtfertigt sei, wenn sie zu sprechen habe, man muss Gott mehr gehorchen als den Menschen. Dabei setzte sich immer wieder die Meinung durch, dass dieser Zeitpunkt noch nicht gekommen war, aber auch die andere Auffassung, dass er jeden Tag eintreten könne.

Die Haltung des Bundes im totalen Staat war von der Leitung also durchaus immer wieder bedacht und umbetet und in vollem Bewusstsein der Verantwortung geübt worden. Stark mitbestimmend wirkte oft das positive Moment, den Evangeliums- und Missionsdienst mit vollem Einsatz bis zur äußersten Möglichkeit durchzuführen. Der missionarische Gedanke überwog alle anderen Erwägungen, auch die eines etwaigen Gewinnes durch öffentlichen Widerspruch und die daraus sich ergebenden Folgen für die Gemeinde. Immer wieder sahen wir den größeren Gewinn darin, den Evangeliumsdienst so lange wie nur möglich und so stark wie nur möglich zu tun, als ihn zu früh aufs Spiel zu setzen. Der sich daraus ergebende Gewinn erschien uns größer als der etwaige Gewinn eines zu früh herbeigeführten Verbotes. Und so ist es gekommen, dass wir heute rückschauend von einem gesegneten starken Zeugnisdienst der Gemeinden durch die Jahre hindurch sprechen können, dass wir aber auf keine besondere Reihe von KZ- oder anderen Märtyrern hinzuweisen vermögen. In einzelnen Fällen aber haben auch unsere Prediger um ihres klaren Zeugnisses willen den Unwillen der Staatsführung erregt und haben die daraus sich ergebenden Folgen der Verantwortung und Bestrafung auf sich genommen.

[...]

Fragen, Aufgaben, Ziel und Wegrichtung für heute und morgen

Neben dieser verhältnismäßig schnellen Wiederaufrichtung auf wichtigen Lebensgebieten des Bundes haben sich auch andere Erscheinungen gezeigt, die stark berücksichtigt werden wollen und von nicht geringer Bedeutung sind. Der totale Zusammenbruch Deutschlands hat es mit sich gebracht, dass im politischen Raum die Schuldfrage in einer Form aufgeworfen und behandelt wurde, wie es bisher wohl kaum je geschehen ist. Der totale Zusammenbruch eines Gewaltsystems, das Anspruch auf den ganzen Menschen gemacht hatte, und das sich dann doch so schwer an den Schöpfungs- und Grundordnungen Gottes vergangen hat, musste Folgen haben, wie wir sie jetzt erleben. Es ist nicht wunderlich, dass die Schuldfrage nicht nur von den Siegermächten aufgeworfen und behandelt wird, sondern dass sie auch von vielen deutschen Menschen, selbst von den Kirchen gestellt und behandelt wird. Die evangelische Kirche hat sich zur Kollektivschuld bekannt und ein dementsprechendes Bekenntnis vor aller Welt abgelegt. Die katholische Kirche hat von einem solchen Kollektivbekenntnis und der Anerkennung einer Kollektivschuld aller Abstand genommen. Die Schuldfrage aber wird auch unter uns gestellt. Dabei entsteht natürlich zunächst die Frage, hat die Gemeinde Jesu das Wächteramt in ihrem Volk, wie etwa die Propheten es in Israel hatten? Hat die Gemeinde Jesu einen Auftrag für das ganze Volk in dem Sinne, dass es die Verantwortung für den Geist und die Sittlichkeit des Volkes trägt? Kann die Gemeinde schuldig werden im Ganzen, wenn sie nicht gegen besondere Sünden der Staatsführung öffentlich Protest erhebt? Kann die Gemeinde Jesu durch ihr glaubensstarkes Verhalten in Verkündigung und Leben den Verfall eines Volkes aufhalten und kann sie als mitschuldig angesprochen werden, wenn ein so starker Verfall der sittlichen Kräfte und ein so tiefer Sturz des Volkes erfolgt, wie es jetzt der Fall ist? Nach unserer bisherigen Erkenntnis war es so, dass die Gemeinde Jesu die Heilsbotschaft zu verkündigen und zu verkörpern hat, dass sie aber nicht den Auftrag und die Kraft hat, ein ganzes Volk zu bewahren und zu behüten. Schuldbekenntnisse können aber auch nur dann abgegeben werden, wenn jemand vor Gott steht und sich vor Gott in Schuld weiß, nicht aber um dadurch irgendeiner Gruppe von Christen irgendwo zu gefallen oder irgendwo und irgendwann schneller einen neuen Lebensanschluss zu finden oder irgendwie einzugliedern. Schuld vor Gott in dem Sinne, dass nicht die vollen Gnaden und Gaben Jesu ganz genommen und voll ausgewertet wurden, wird die Gemeinde immer auf sich nehmen müssen, weil sie wohl stets zu kurz kommt. Ob aber durch ihre größte Treue der Verfall eines Volkes aufgehoben oder verhindert werden kann, das ist vom Neuen Testament her nicht zu erweisen. So bleibt wahrscheinlich die Schuldfrage eine offene Frage im Raum der Gemeinde Jesu. Für den politischen Raum und die Behandlung der Schuldfrage in diesem Raum sprechen wir hier nicht.

1.08 Jacob Köbberling, Gegenschrift zu „Unser Weg [...]", 1946 (Auszug)[67]

Die Haltung zum Staat

[...] Römer 13 wird als ein klares Wort bezeichnet, das „nicht gut umgebogen oder nur für besondere Verhältnisse bindend erklärt werden kann". „Dies Wort aber verwehrt der Gemeinde eine politisch-revolutionäre Haltung und verpflichtet sie auch für Zeiten, die dem Einzelnen und seinem persönlichen Freistreben sehr entgegen sind." Soweit P.S., das also ist die Auslegung des „klaren Wortes" in Römer 13 für Christen, die in einem totalen Staat leben. Alles andere empfindet er als Umbiegung für besondere Verhältnisse. Dazu muss doch gesagt werden, dass Römer 13 kein so „klares Wort" ist, jedenfalls nicht für die Vertreter einer unbedingt staatstreuen Auffassung. In dieser absoluten Fassung, als Aufforderung zum unbedingten Gehorsam gegen jeden Staat, wäre es ein sehr dunkles und unklares Wort. Paulus selbst zeigt durch sein Leben mit den ständigen Konflikten mit den obrigkeitlichen Gewalten am deutlichsten, dass er einen solch unbedingten Gehorsam nicht gemeint haben kann. In Römer 13 spricht er davon eben nicht, hier beleuchtet er einen ganz anderen Zusammenhang. In Römer 13 handelt es sich um den Konflikt [mit] der Obrigkeit, der aus der bösen Tat entspringt und gerechte Strafe nach sich ziehen muss. Er fordert in diesem Abschnitt die Gemeinde auf, „sich nicht vom Bösen überwinden zu lassen, sondern das Böse mit Gutem zu überwinden" (Röm. 12, 21). Nur von dieser Seite ist hier die Rede.

[...] Es ist also sehr unglücklich, wenn die Christen in Deutschland sich immer wieder auf diese Stelle berufen und dann ein generelles Verhältnis zur Obrigkeit begründen, das dem weltlichen Kadavergehorsam verzweifelt ähnlich sieht.

Wenn P.S. in diesem Wort wie viele Ausleger das Verbot einer politisch-revolutionären Haltung für die Gemeinde sieht, dann wäre dies doch nur zulässig, nach dem Sinn der Stelle, politisch-revolutionär als Böses tun. Wenn man jeden Widerstand gegen die Staatsgewalt, geistiger oder materieller Art, politisch-revolutionär nennt, dann kann man ein solches Verbot nicht aus Römer 13 ableiten. Im totalen Staat ist die Gemeinde in gewissem Sinne immer politisch-revolutionär, da sie vor dem absoluten Herrschaftsanspruch des Staates, der in alle Lebensgebiete eindringt, den Herrschaftsanspruch Christi geltend macht. Allerdings tut sie

---

[67] Dr. Jacob Köbberling, Arzt und Mitglied der EFG Holzminden, hat in dieser umfangreichen Streitschrift brieflich auf die Ausführungen von Paul Schmidt in seiner Schrift „Unser Weg [...]" (siehe Dokument 1.07) reagiert und die Bundesleitung um Zustimmung zur Veröffentlichung gebeten. Im Protokoll ihrer Sitzung am 5./6. Juni 1946 heißt es: „Die Bundesleitung würde die Veröffentlichung der Schrift für verhängnisvoll halten und lehnt eine weitere schriftliche Auseinandersetzung ab." (siehe Anm. 12); masch. Vorlage 19 S. (S. 1 fehlt); in: Oncken Archiv Elstal, Bestand H 2 Jacob Köbberling. Eine vollständige Dokumentation dieser umfangreichen Schrift wird vorbereitet (siehe Anm. 66).

das nicht in revolutionärer Weise nach der Art der Welt, da sie ja nicht für ein Reich dieser Welt kämpft; ihr Kampf ist daher ein anderer als der des reinen Revolutionärs.

Die weitere Auslegung, die P.S. gibt, dass der totale Staat sich gewissermaßen auf Römer 13 berufen kann, und auch der Christ „sein persönliches Freiheitsstreben dem Gehorsam gegen die Obrigkeit zu opfern habe", das ist völlig abwegig. Es ist auch gar nicht die Frage, wie P.S. sie stellt: „Muss die Gemeinde, muss der Bund sich erheben, und müssen sie nicht in das politische Hoheitsgebiet hineinsprechen?" Auch diese Frage kann nicht nach Römer 13 beantwortet werden. Ein Begriff wie „politisches Hoheitsgebiet" ist eine typisch national-sozialistische Erfindung, die auf eine Gemeinde niemals einen Eindruck hätte machen dürfen. Es ist ganz selbstverständlich, dass die Gemeinde ständig in den politischen Bereich hineinspricht, ohne sich dabei zu „erheben". (Auch dies ist ein Begriff aus der politischen Sphäre.) Das „große Nein gegenüber dem Staat und seiner Führung" in diesem Sinne gibt es gar nicht. Das Nein ist von vornherein gesprochen, groß und klein, je nach der Situation, oder es wird nie gesprochen. P.S. argumentiert, es dürfe mit dem Risiko eines generellen Verbotes erst dann gesprochen werden, wenn die „Verkündigung des Evangeliums verboten wäre und die persönliche christliche Lebensführung desgleichen". Dann erst hieße es „Gott mehr gehorchen als den Menschen". Dieser Zeitpunkt sei aber im Dritten Reich für den Bund Evangelisch-Freikirchlicher Gemeinden nicht gekommen gewesen, er habe aber jeden Tag eintreten können. Abgesehen von der falschen Grundeinstellung werden in einer solchen Darstellung auch die tatsächlichen Verhältnisse im NS-Staat vollständig verkannt. Auf ein solches gewissermaßen offizielles Verbot der Verkündigung des Evangeliums hätte man lange warten können. Der Staat hatte sich ja von Anfang an mit Raffinement christlich getarnt und ließ erst ganz allmählich eine Maske nach der anderen fallen, während er sich immer von Neuem als Vertreter des wahren Christentums proklamierte. In Wirklichkeit hatte er längst hundertfach die Verkündigung des Evangeliums verboten und tausendfach die persönliche christliche Lebensführung untersagt. Immer wieder hieß es für den Einzelnen und für die Gemeinden, Gott mehr zu gehorchen als den Menschen. Wer da auf eine offizielle Ankündigung des Staates und eine feierliche Antwort seitens seiner Kirchen- oder Bundesleitung warten wollte, der wäre so schlecht beraten gewesen. Wer so dachte und heute noch nachträglich rechtfertigt, der hat die satanische Doppelzüngigkeit des NS-Staates nicht erkannt, der vom positiven Christentum über offene Christusfeindlichkeit bis zum Rückgriff auf christliche Phrasen kurz vor dem schrecklichen Ende alle Register der Verschleierung vortrefflich zu ziehen verstand. Man kann daher nicht folgern, wie P.S. das tut, dass die Haltung des Bundes im totalen Staat „von der Leitung also durchaus immer wieder bedacht und umbetet und in vollem Bewusstsein der Verantwortung geübt wurde". Man hat von dieser Seite nicht erfahren, dass sie die Verschleierung der Christusfeindlichkeit des totalen Staates wenigstens den Gemeinden immer wieder klarzumachen versuchte. Sie hat vielmehr durch diese unentschiedene, stets hinausschiebende Haltung der Verschleierung Vorschub geleistet. Bis zum furchtbaren Ende gab man sich den Schein, als stehe man auf dem Boden dieses schon zusammenbrechenden Staates.

[...]

Die Schuldfrage

Der Blick in die Vergangenheit allein würde nichts nützen. Es gilt aufzuzeigen, wie in dem Bericht „Unser Weg" die Haltung aus der Vergangenheit gradlinig in die Gegenwart und Zukunft bewahrt wird. Wir wenden uns daher seinen Ausführungen über Gegenwartsprobleme zu. P.S. lässt sich dort in eine Erörterung der Schuldfrage ein. Hier wird seine Einstellung am deutlichsten, wie sie aus der Vergangenheit in die Gegenwart hineinragt. Der ganze Bericht ist ja eine einzige Verneinung der Schuld. In letztem Ernst kann von Schuld nur von dem Einzelnen, der vor Gott steht, geredet werden, der sie dann vor Gott und Menschen bekennt. Da wird sich keiner heute freisprechen können. Darüber hinaus muss jede Gruppe und vor allem jede Kirche und Freikirche nach ihrer besonderen gemeinsamen Schuld fragen. P.S. unternimmt praktisch den Versuch, den Bund von aller Schuld freizusprechen, indem er den Weg 1941 - 1945 als gottgewollten, wohlbehüteten Weg darstellt. Er sieht offenbar in der Schuldfrage, wie sie heute bei allen ernsten Christen gestellt wird, keinen Gewinn. Er verjagt die Schuldfrage in den politischen Raum (wo sind die Wände dieses Raumes?). Dort sieht er ihren Ursprung. Im „Raum der Gemeinde Jesu" müsse sie eine „offene Frage" bleiben. Diese verschlungenen, mit vielen Fragezeichen versehenen Erklärungen bedeuten in Wirklichkeit eine konsequente Ablehnung der Schuldfrage. Mit dieser Doppelraumlehre stellt er die Dinge auf den Kopf. Gerade im politischen Raum ist die Schuldfrage, wie wir heute täglich sehen, eine verhängnisvolle Frage, weil sie niemals in die wirklichen Tiefen der Schuld hineinführt, sondern leicht politisch missbraucht wird. Hier ist es doch die Aufgabe der Gemeinde, in die Lücke zu treten und im Vertrauen auf die Vergebung vor Gott und Menschen die Schuld für ihren Weg zu bekennen.

[...] Kann es überhaupt eine Frage sein, wie sie von P.S. gestellt wird, ob die Gemeinde das Wächteramt in ihrem Volk hat? Sie hat es nach dem ganzen Inhalt der Heiligen Schrift für alle Völker und zuerst natürlich für ihr eigenes Volk. Wohl hat sie es nicht in der gleichen Form mit dem konkreten politischen Inhalt wie einst die Propheten in Israel, doch ohne Zweifel in dem gleichen Sinne, dass sie das von Gott geoffenbarte Wort in Jesus Christus in Gnade und im Gericht allen Völkern verkündigt.

P.S. formuliert: „Die Gemeinde habe die Heilsbotschaft zu verkündigen und zu verkörpern, aber nicht den Auftrag und die Kraft, ein ganzes Volk zu bewahren und zu behüten." Dieser Begriff „ganzes Volk" ist auch ein Rudiment aus der völkischen Epoche. Völkische Führer wollen ein ganzes Volk bewahren und behüten. Die Heilsbotschaft wendet sich in diesem Sinne nicht an ein ganzes Volk, sondern an den Einzelnen in jedem Volk. In der Art und Weise wie heute weithin die Schuldfrage von den Siegernationen als Schuld des ganzen

Volkes aufgeworfen wird, erntet man die Kehrseite des völkischen Kollektivbewusstseins. Dass die Botschaft von Jesus Christus es nicht mit solchen Begriffen vom ganzen Volk zu tun hat, das ist der Wahrheitskern der Gegenüberstellung von Volk und Gemeinde, wie sie P.S. gibt. Keineswegs ist aber die dort versuchte säuberliche Trennung von Volk und Gemeinde in dieser Welt möglich: Hier die Gemeinde Jesu als verkörperte Heilsbotschaft, dort ein Volk, „das nach Verfall der sittlichen Kräfte einen tiefen Sturz getan hat". Eine solche Auffassung von zwei verschiedenen Ebenen oder zwei gegeneinander abgegrenzten Räumen ist eine gefährliche Lehre, die das Verhältnis des Bundes zum totalen Staat bereits so belastete, und nun auch auf die neuen Verhältnisse übertragen wird. Demgegenüber muss aber betont werden, dass sie weder aus der Heiligen Schrift zu begründen ist, noch den wirklichen Verhältnissen in dieser Welt entspricht. Der politische Raum ist im totalen Staat nicht abgrenzbar. Die Gemeinde spricht mit ihrer Heilsbotschaft, die abgelehnt zur Gerichtsbotschaft wird, in diesen Raum hinein, denn sie lebt auf dieser Welt. [...] Es ist weltfremder Idealismus, wenn sie glaubt, an dem „sittlichen Verfall und dem Sturz eines Volkes" unbeteiligt zu sein, während ihr Auftrag, die Verkündigung des Evangeliums, irgendwie nebenherläuft. Freilich bleibt es Gottes Sache, wenn durch diese Verkündigung und ihr geheiligtes Leben ein Volk vor einem solchen Sturz bewahrt bleibt, wie wir ihn jetzt erlebten. Doch diese Möglichkeit einfach abzulehnen, wie P.S. das tut, weil der Verfall allzu groß ist, das spricht doch dem Evangelium und der Gemeinde die Kraft ab. Wie sollen wir dann noch ein Verständnis gewinnen für die Worte Jesu vom Salz und vom Licht der Welt? Ist denn das zähe Ringen Abrahams mit dem Engel um Sodom und Gomorra nicht ein Vorbild des Glaubens für alle Zeiten? Gerade hier muss die Schuldfrage an die Gemeinde gestellt werden. Hat sie ihr Wächteramt als Salz und Licht der Welt nicht so weitgehend verleugnet, und ist sie nicht gerade dadurch umso mehr hineingezogen worden in den Verfall? Der große Abfall ist heute in der ganzen Welt da, da sie sich früher vorschnell eine christliche Welt nannte. Im deutschen Volk hat sich das in besonders krasser Weise offenbart. Hat die Gemeinde in dieser Weltstunde wirklich ihr Licht leuchten lassen? Oder hat sie es nicht nach den Worten des Evangeliums unter den Scheffel gestellt? Niemöller hat dieses Bild einmal in seinen Predigten vor der Gefangennahme so ausgelegt: Das Scheffelmaß wird zum Schutze gegen den scharfen Wind über das Licht gestülpt, und dann kann es natürlich nicht mehr leuchten. Ist das aber nicht gerade das Bild solcher Gemeinden, die sich im Windschutze des Kampfes anderer Christen, durch Vermeidung aller Anstöße und durch Anpassen an die Zeit ihre Leuchtkraft nehmen ließen? Hier muss die Schuldfrage gestellt werden für jeden Einzelnen wie für die Gemeinden. Wenn man allerdings mit säuberlicher Scheidung zwischen Volk und Gemeinde diesen Auftrag begrenzt, dann muss auch das Verständnis für die Schuldfrage in dieser Form abgehen. Dann trifft aber auch das andere Wort des Herrn zu, dass das Salz unbrauchbar geworden ist. Gerade in der richtigen Erfassung der Schuldfrage wird die Gemeinde in dieser Gegenwart wiederum sich als das Salz und als das Licht der Welt erweisen müssen.

1.09 Emil Janssen, Bericht zur Theologischen Woche, 25.-27. August 1946 (Auszug)[68]

Es ist selbstverständlich, dass unsere neue Zeit auch vom Bund und seinen Gemeinden einen neuen Anfang fordert. Eine Zeitepoche ist für Deutschland schneller zu Ende gegangen, als wir dachten, der Schlussstrich unter Vergangenes gründlich gezogen. Es gilt, ein Neues zu bauen. Auch für uns wird ein neues Blatt in der Geschichte aufgeschlagen. Die Arbeit in den Gemeinden hat neu begonnen, neue Gemeinden sind entstanden, und es kommt auf den Geist an, aus welchem heraus gewirkt wird. Dass Prediger, Diener am Worte und Gemeindeleiter aus dem rechten Geist Neues schaffen, das ist von großer Bedeutung. Unser Wirken muss Seele haben, nur so hat es Gültigkeit, Wert und Bestand. Um diesen Geist und den Neuanfang durch ihn ging es in Grundschöttel. Und dass Gott uns nicht nur den Weg zeigte, sondern auch Mut und Kraft gab, ihn zu gehen, war sein Geschenk. Es war der Weg der Selbstbesinnung, der Weg in die Tiefe der Buße und Beugung. So nur konnte bei uns der Schlussstrich unter Vergangenes gezogen und die uns von Christus gegebene Bitte: „Vergib uns unsere Schuld" zur heißen Herzensbitte werden. Wer hätte es nicht gespürt, dass hier der Neuanfang lag, dass auf diesem Wege dem Geiste Gottes freie Bahn gegeben wurde.

1.10 Paul Schmidt, Ein Blick durchs deutsche Bundesfenster, 23. Juli 1947 (Auszug)[69]

In den letzten Jahren war das deutsche Bundesfenster ziemlich stark verhangen. Einblick und Ausblick waren schließlich gar nicht mehr möglich. Für unsere Freunde in anderen Ländern war es zum Schluss schwierig, unser Leben zu beobachten, die Motive unseres Handelns zu verstehen und unseren Weg durch die Jahre der Not und der Anfechtung zu überschauen und recht zu werten. Nun ist das Fenster wieder offen, wir können hinausschauen in die weite Welt und viele Freunde in vielen Ländern möchten durch das Bundesfenster in unser Leben und Treiben hineinschauen. Auch mit diesem Artikel möchten wir die Gardinen etwas zur Seite streifen und den vollen Einblick freimachen.

---

[68] Theologische Woche in Grundschöttel, in: Die Gemeinde (1946), Nr. 8, S. 61. Franz Lüllau fragte in seinem Schlussvortrag: „Ist es nicht nötig, dass wir vorher die ganze Katastrophe, in die wir hineingeraten sind, erkennen, ihre Ursachen, unseres Volkes Schuld, seinen Irrweg, der Christen Schuld? Führt unser Weg schon auf die Plattform und nicht vielmehr erst in die Bußkammer?", zit. nach Diabo & Lüllau, „Hoffentlich enttäuscht uns Hitler nicht". Briefe, Bilder, Berichte einer Predigerfamilie 1925-1960, hg. von Uwe A. Gieske, Berlin 1999, S. 292.

[69] In: Der Sendbote. Organ der deutschen Baptisten Nord-Amerikas 95 (1947), Nr. 29, S. 9.

Wie sieht es heute im Bundesleben in Deutschland aus? Da ist zunächst der neue Name Bund Evangelisch-Freikirchlicher Gemeinden in Deutschland? Warum denn das? Ist das nicht ein gefährliches Zugeständnis an den Nationalsozialismus? Sind die deutschen Brüder da nicht schwach geworden und sind sie nicht der Stunde der Versuchung unterlegen? So hören wir es fragen und flüstern in manchen Ländern. Es ist dazu zu sagen, dass diese Namensänderung mit dem Nationalsozialismus und mit der auf vielen Gebieten vorhandenen Bedrückung und Bedrängung durch ihn nichts zu tun hat. Die Namensänderung ist vielmehr durch den Zusammenschluss mit der Elberfelder Versammlung und den Offenen Brüdern, die sich zum Bund freikirchlicher Christen in Deutschland vor dem Zusammenschluss mit uns vereinigt hatten, aus unseren langen Überlegungen herausgewachsen. Die Vereinigung aller Gemeindechristen in Deutschland, die auf dem Boden Neutestamentlicher Grundlinien stehen, erschien uns und erscheint uns noch als eine Notwendigkeit vom Neuen Testament her gesehen als eine Forderung aus der Gesamtlage unserer Zeit. Dieser Zusammenschluss erfolgte freiwillig im Gegensatz zu den Wünschen der Gestapo. Aber konnte bei diesem Zusammenschluss nicht doch der alte Name Baptisten festgehalten werden? kann dann gefragt werden. Dazu kann gesagt werden, dass auch das lange überdacht und überbetet worden ist. Dass es aber schließlich zur Namensänderung kommen musste, wenn die Zusammenfügung gelingen sollte, war die Überzeugung aller beteiligten Brüder. Die Bundeskonferenz in Berlin im Februar 1941 hat einmütig den Zusammenschluss bestätigt und hat die Änderung unserer Verfassung einschließlich der Namensänderung mit überwältigender Mehrheit beschlossen. Mit dieser Namensänderung ist unser Fundament nicht verrückt worden, ist die Gemeinschaft mit den Glaubensgenossen in anderen Ländern nicht berührt worden. Die Aufgabe des Namens ist sehr vielen unter uns heute noch schmerzlich und manche möchten den alten ehrwürdigen Namen gerne wieder zurück haben. Also, unsere Namensänderung und die Erweiterung unserer Bundesgemeinschaft ist, wie wir glauben, unter der Führung Gottes vor sich gegangen und bedeutet in unserem Lande eine Kräftigung des freikirchlichen Einflusses im religiösen Leben unseres Volkes. [...]

Die zweite Frage könnte sein: wie geht's im Bunde nach dem Abschluss des Waffenstillstandes und nach der einstweiligen Festlegung der deutschen Ostgrenze durch Oder und Neiße? Wir sind durch diese Grenzziehung ganz außerordentlich hart getroffen. Unsere Vereinigungen Ostpreußen, Westpreußen, Pommern, Schlesien, Teile von Brandenburg und die deutschen Gemeinden in Posen-Pommerellen sind von uns losgerissen. Das bedeutet, dass mehr als 40 Prozent unserer Mitglieder von uns getrennt worden sind. Ein Mittelpunkt unseres Werkes war Ostpreußen, über 40 000 unserer Mitglieder sind Flüchtlinge, kamen nach dem Westen, mussten weiter nach dem Westen gehen oder leben sonst irgendwo unter schwersten Verhältnissen oder sind ums Leben gekommen. Die genauen Einzelzahlen können wir noch gar nicht feststellen. Die materiellen Verluste, die unser Werk dadurch erlitten hat, sind außerordentlich schwer. Wohl keine Christengruppe in Deutschland hat prozentual gesehen Verluste erlitten wie wir. Die Not, die sich daraus ergibt, ist für uns noch unübersehbar und kann auch von uns allein nicht überwunden werden. [...]

Wenn wir kein öffentliches Schuldbekenntnis abgelegt haben und wenn wir im Blick auf die Vergangenheit wohl auf einen starken missionarischen und evangelistischen Einsatz und auf eine gesegnete Führung Gottes durch die schweren Jahre zurückschauen können, aber nicht zu irgend einer heute anerkannten oder nicht anerkannten Widerstandsbewegung gehörten, so möchten wir doch sagen, dass wir das als unseren Gottesweg ansahen und heute noch ansehen, um den viel gebetet, viel geglaubt und innerlich viel gerungen wurde. Vielleicht können wir auch sagen, dass das Zeugnis unserer Gemeinden und unserer dienenden Brüder auch in der dunkelsten Zeit in der vollen Kraft und in der ganzen Fülle des Evangeliums abgelegt wurde. Wir stehen mit im Schatten unseres Volkes, wir tragen Leid um vieles, das sich begeben hat, und wir stehen mit unter den harten Folgen, die sich für unser Land und für andere Länder daraus ergeben haben. Unser Gebet ist immer wieder, dass Gott dem alten Abendland die Fackel des Evangeliums nicht auslöschen möge und dass er auch das Zeugnis unserer Gemeinden in Gnaden benutzen möge, in der unübersehbaren Katastrophe vielen Menschen den Weg zu Christus zu weisen.

1.11 Jakob Meister, Hans Rockel, Erklärungen auf dem BWA-Kongress in Kopenhagen, Juli 1947[70]

Grußwort der deutschen Delegation

in der Roll-Call Versammlung am Dienstagabend, dem 29. Juli. Gesprochen von Br. J. Meister

Unsere Gemeinden aus Deutschland entbieten den Delegierten des 7. Weltkongresses der Baptisten in Kopenhagen recht herzliche Grüße und Segenswünsche.

Nach der schmerzlichen Unterbrechung unserer Verbundenheit durch den Krieg ist uns das Wiedersehen und die Befestigung unserer Gemeinschaft in der weltweiten Bruderschaft eine umso größere Freude. Wir danken allen, die es uns ermöglicht haben, trotz vieler Schwierigkeiten zum Kongress nach Kopenhagen zu kommen. Von neuem verspüren wir, wie unsere Herzen für den einen Herrn und für einander schlagen.

---

[70] Jakob Meister, ein Schweizer Staatsangehöriger, war Bundesvorsitzender des BEFG, und Hans Rockel, Seminarlehrer in Hamburg für Praktische Theologie und Neues Testament, war Vorsitzender des Jugend-Komitees, dem Vorläufer des Gemeindejugendwerkes; Bundespost 3/1947, S. 1f, in: Oncken-Archiv Elstal, Bestand ARC Dg 6 (Oktober 1947); vgl. G. Balders, Ein Herr, ein Glaube, eine Taufe, S. 117 (Hervorhebungen nach Original).

In Demut beugen wir uns unter die Schuld, die unser Volk durch die Gewaltherrschaft der vergangenen Jahre auf sich geladen hat. Die gewaltige Hand des richtenden Gottes lastet schwer auf unserem Land, unserem Volk und unseren Gemeinden. Wir glauben, dass nach allem eine Stunde der göttlichen Heimsuchung für alle Völker angebrochen ist.

Gottes Wort und Gottes Geist haben neuen und größeren Einfluss auf uns gewonnen. Im Jahre 1946, dem 1. Nachkriegsjahr, durften wir in Deutschland 4.470 Gläubiggewordene taufen und in die Gemeinde aufnehmen. Pfingstsonntag 1947 wurden in der Stadt Berlin 100 Neubekehrte getauft. Unter unserer Jugend ist eine wundervolle Erweckung ausgebrochen.

Seit dem Kriegsende erhielten wir von den Brüdern und Schwestern außerhalb des deutschen Gebietes eine sehr große Hilfe und viele Opfer der aufrichtigen Liebe. Aus tiefbewegtem Herzen danken wir Ihnen allen für Ihren starken Beistand. Einen besonderen Dank schulden wir unserem heimgegangenen, aber unvergesslichen Bruder und Freund Dr. Rushbrooke.

Mit allen Völkern und Brüdern, die wie wir durch schweres Leid und große Not hindurchgehen, wissen wir uns in aufrichtigem Mitgefühl aufs engste verbunden.

Der Gott aber der Hoffnung erfülle uns alle mit seiner Freude, seinem Frieden und mit der Kraft des heiligen Geistes.

Jugend im Zeichen eines neuen Anfangs

Rede von Br. H. Rockel, gehalten am Mittwoch, dem 30. Juli in der Sonderkonferenz der Jugendarbeiter

Unter diesem Motto überbringe ich euch die Grüße der jungen Baptisten in Deutschland. Ich spreche als Vertreter unserer Jugend in allen vier Besatzungszonen, der amerikanischen, der britischen, der französischen, der russischen Zone. Und indem ich das sage, steht auch in dieser großen Jugendversammlung „die deutsche Frage" vor uns, die heute im Mittelpunkt aller großen Konferenzen steht. Ich empfinde in diesem Augenblick eine große Freude und Dankbarkeit darüber, dass wir als deutsche baptistische Jugend wieder inmitten der großen Bruderschaft unseres Weltbundes stehen dürfen. Ich empfinde es aber in dieser Stunde auch wieder mit tiefem Schmerz, dass wir Deutschen es waren, die den Anstoß gegeben haben zu dem furchtbaren Sturz in die Not, in die fast ganz Europa mit uns gekommen ist. Ich weiß, dass euch im Blick auf Deutschland, und insbesondere im Blick auf die Jugend in Deutschland viele Fragen bewegen. Ich würde euch gerne antworten, sofern ich Gelegenheit dazu haben sollte. Hier möchte ich euch die wichtigste Antwort geben:

„Gott hat uns einen neuen Anfang geschenkt."

Wir stehen vor einen Wunder, so schnell ist unsere Sonntagsschule und Jugendarbeit mitten in den Trümmern unserer zerstörten Städte neu aufgeblüht. Trotz der allergrößten Schwierigkeiten, trotz unserer großen Armut auf allen Gebieten haben wir heute eine stärkere Jugendbewegung als früher. 20 Brüder und Schwestern stehen heute hauptberuflich in der Jugendarbeit. Aber die Arbeitsmöglichkeiten sind so groß, und die Ziele, die wir uns gesteckt haben, so weitreichend, dass wir fünfmal so viel brauchen könnten. Über 200 Ferienlager und Bibelfreizeiten fanden in den letzten Sommerhalbjahren statt, an denen etwa 10.000 Kinder und Jugendliche teilnahmen. An vielen Orten ist eine Erweckung unter unserer Jugend entstanden. Viele junge Menschen haben sich zu Christus bekehrt und sind getauft worden. In allen Zonen, auch in der russischen Zone, haben wir rege Sonntagsschulen und Jugendgruppen.

Gott hat uns einen neuen Anfang geschenkt. Das ist das Hoffnungsvollste, was von der deutschen Jugend, ja was von Deutschland überhaupt gesagt werden kann. Wie ist das geschehen?

Wir mussten kapitulieren, und wir haben kapituliert vor Gott.
Wir sahen in unserm Zusammenbruch Gottes Gericht und wir fanden Gnade vor Gott.
Unsere Not ist groß, aber über unserm neuen Anfang leuchtet Gottes Verheißung.

Wir mussten kapitulieren, und wir kapitulierten vor Gott. Niemand hier kann sich eine wirkliche Vorstellung machen von dem Ausmaß der deutschen Katastrophe. Das Ende war die völlige Kapitulation. Aber es gab zwei Möglichkeiten. Viele kapitulierten mit innerem Widerwillen. Sie begannen anzuklagen und sich selbst zu rechtfertigen. Andere wurden durch das Geschehene so erschüttert, dass sie innerlich nicht nur vor Menschen, sondern vor Gott kapitulierten. So ist es unserer Jugend ergangen. An vielen Beispielen könnte ich euch das zeigen. Ergreifend ist der Ernst, mit dem viele unserer jungen Männer und Mädchen bekennen: Es gibt nur noch eins, wofür ich mein Leben einsetzen mag: Christus und die Gemeinde.

Wir sahen in unserm Zusammenbruch Gottes Gericht und fanden Gnade vor Gott. Als baptistische Jugend haben wir uns gefragt, worin unsere besondere Schuld lag. Ich habe es vor unserer Jugend gesagt und ich wiederhole es hier: Wir haben das Erbe unserer alten Täufergemeinden gering geachtet. Freiheit des Gewissens, Kampf für die Wahrheit bis zum Märtyrertod – Glaube an die sieghafte Kraft des heiligen Geistes bis zur Ablehnung jeder Gewaltanwendung – heilige Bruderschaft, Liebe zu allen Menschen – das war das lodernde Feuer des Glaubens in den Täufergemeinden. Wir haben dieses Feuer verlöschen lassen. Das ist unsere Schuld. Aber Gott hat uns einen neuen Anfang geschenkt.

Es ist ein schwerer Anfang, denn unsere Not ist groß. Wir sehen unsere Not, aber über unserm neuen Anfang leuchtet Gottes Verheißung. Unsere besondere Not besteht darin, dass wir von zwei Mächten wie von Dämonen bedroht werden. Im Westen ist es die Macht des Misstrauens, im Osten ist es die Macht der Furcht. Wir selbst kämpfen dagegen an, aber diese Mächte sind im Wachsen. Wenn es gelingt, diese beiden Mächte des Misstrauens und der Furcht zu bezwingen, so gibt es ein neues, und zwar geeintes Europa. Im Namen der deutschen Jugend bitte ich euch, Vertreter des Westens, helft mit, soweit es in euren Kräften steht, das Misstrauen gegenüber den Westmächten zu überwinden. Und im Namen der deutschen Jugend in der russischen Zone bitte ich euch, Vertreter des Ostens, helft mit, dass die Furcht vor dem Osten unter uns überwunden werde.

Ich möchte aber an dieser Stelle auch im Namen unserer deutschen Kinder und Jugendlichen herzlich danken für alles, was bereits getan worden ist, um unserer Not zu steuern. Die Hilfe, die wir von unsern Gemeinden im Ausland erhalten, bedeutet für uns Rettung. Wir sehen nicht nur unsere Not, wir wissen auch um eure Not. Wir haben alle viel verloren. Ich habe meine Heimat Ostpreußen verloren, mein Heim in Hamburg ist zerstört worden, aber wie vielen Millionen ist es ebenso gegangen. Ich bin als Sanitäter weit in Russland gewesen und weiß, was die Jugend in Russland für Opfer gebracht hat. Ich habe als Sanitäter im Westen Amerikaner und Engländer, die schwer verwundet waren, versorgt und weiß, dass viele eurer Kameraden nicht mehr zurückgekehrt sind. Und was ist in Frankreich, in Belgien und Holland, in Polen und im Balkan ja sogar in den skandinavischen Ländern alles verloren gegangen. Aber über unserer Not leuchtet Gottes Verheißung. Was ist uns geblieben? Paulus sagt: „Geblieben ist und bleiben wird Glaube, Liebe, Hoffnung!" Das ist mehr als alles, was wir verloren haben.

„Jugend im Zeichen eines neuen Anfangs", das mag auch das Motto sein, das über dieser Versammlung steht, ja über der Jugend unseres Weltbundes. Möge Gott uns allen einen neuen Anfang schenken im Glauben an den Sieg des Evangeliums, in der Liebe zu den Brüdern und zu allen Menschen, in der Hoffnung auf das Kommen Jesu Christi und des Reiches Gottes auf Erden, denn sein ist das Reich und die Kraft und die Herrlichkeit in Ewigkeit, Amen.

1.12 Johannes Schneider, Entwurf eines Schuldbekenntnisses, 1947[71]

Der Weg der Evangelisch-Freikirchlichen Gemeinden in den vergangenen Jahren

Der Zusammenbruch des Hitler-Regimes gibt uns Veranlassung, auf den Weg zurückzuschauen, den wir in den letzten 12 Jahren gegangen sind. Die Lage der Freikirchen in

---

[71] Johannes Schneider, Ordinarius für Neues Testament an der Theologischen Fakultät der Humboldt-Universität zu Berlin; Entwurf für Bundesleitung, in: Oncken-Archiv Elstal, Bestand C 1 03 Bundesleitung allgemein 1938-1947. Paul Schmidt legte diesen Entwurf zu den Akten, es existiert kein weiterer Protokollhinweis.

Deutschland brachte es mit sich, dass wir anders geführt worden sind als die großen Volks-
kirchen. Unser Dienst galt in erster Linie unseren Gemeinden. Während sich für die Volkskir-
chen durch die enge Verbindung mit dem Staat schnell Konflikte ergaben, weil der autoritäre
Staat zunächst in die äußeren, dann auch in die inneren Rechte der Kirchen eingriff, blieben
die Freikirchen weithin von den Maßnahmen des Staates verschont. Dazu kam, dass der
evangelischen Kirche in den „Deutschen Christen" ein Feind erstand, der durch die enge
Verbindung von Christentum und Nationalsozialismus die Reinheit der kirchlichen Lehre be-
drohte. Mit diesen Auseinandersetzungen hatten die deutschen Freikirchen in ihren eigenen
Reihen nichts zu tun, da ihre theologische Haltung, ihr Bekenntnis zu Christus und ihre missionarische Verkündigung immer schriftgebunden blieben. Unsere Botschaft ist nicht von
dem Geist der nationalsozialistischen Weltanschauung beeinflusst worden. Es mögen hier
und da Äußerungen gemacht worden sein, die ein Zugeständnis an den Geist der Zeit dar-
stellten, aber im Ganzen ist bei uns das Evangelium von der rettenden Gnade Gottes in den
vergangenen Jahren klar bezeugt worden.

Wir haben, vor allem in unserer Jugendarbeit, manche Beschränkungen auf uns nehmen
müssen. Aber unsere Freiheit, die Christusbotschaft zu verkündigen, ist nur in wenigen Fällen so eingeschränkt worden, wie es an vielen Orten den großen Kirchen gegenüber geschah.

Es ist unser Anliegen gewesen, die Gemeinden so durch die schweren Gefahren der Chris-
tusfeindschaft hindurch zu steuern, dass sie intakt blieben und ihren Dienst am Evangelium
voll ausrichten konnten. Wir haben keinen Konflikt gesucht. Aber es war uns klar: wenn wir
vor die letzte Entscheidung gestellt würden, dann gab es kein Ausweichen, sondern nur eins:
das klare Bekenntnis zu unserem Herrn und Heiland Jesus Christus. Wir wussten, dass nach
dem Kriege die große Bewährungsstunde des „Für und Wider Christus" auch für das deutsche Freikirchentum anbrechen würde.

Eins haben wir freilich nicht getan. Wir haben uns nicht bedingungslos mit dem Kampf und
Leiden der Bekennenden Kirche verbunden, sondern sind unsere eigenen, durch unsere
Geschichte und unseren besonderen Auftrag gewiesenen Weg[e] gegangen. Denn wir ließen uns in unserem Handeln durch das Evangelium und nicht durch eine mit unseren
Grundsätzen nicht vereinbare Kirchenpolitik bestimmen. Und wir glaubten, dass wir die uns
gegebene Aufgabe so lange durchführen sollten, wie Gott uns Zeit und Wirkungsmöglichkei-
ten dazu gab.

Wir erkennen freilich heute, dass wir deutlicher, als wir das getan haben, zu den christus-
feindlichen und verbrecherischen Maßnahmen des nationalsozialistischen Regimes hätten
Stellung nehmen sollen. Um des Gewissens willen hätten wir uns bewusster und in größerer
Öffentlichkeit gegen die Verletzung der göttlichen Gebote und Ordnungen des antichristlichen Hitler-Staates wenden sollen. Wir hätten lauter, als es geschehen ist, unsere Stimme

gegen das maßlose Unrecht und die schandbaren Taten der nationalsozialistischen Macht-haber erheben müssen. Aber wir waren in unserer bisherigen Geschichte nicht so geführt worden, dass wir unser Urteil in den Fragen des öffentlichen, politischen und wirtschaftlichen Lebens maßgebend zur Geltung brachten. So sind wir uns nicht immer klar genug der ethi-schen Verantwortlichkeit bewusst gewesen, die wir als Jünger Jesu der Welt gegenüber ha-ben.

Wir bekennen auch, dass wir durch einige Erklärungen, die wir abgaben, Fehler begangen haben; und wir beugen uns darunter, dass wir in manchen Dingen nicht schärfer gesehen, nicht mutiger bekannt und nicht entschiedener gehandelt haben.

Wir bitten, dass Gott uns und allen Christen in Deutschland, die gleich uns in den vergange-nen Jahren zu viel geschwiegen, zu wenig bekannt haben oder falsche Wege gegangen sind, das nicht zurechne, was nicht vor seinen Augen bestehen kann. Denn wir wissen, dass wir seinen Auftrag in der Gegenwart nur dann erfüllen können, wenn wir uns unter seine ver-gebende Gnade stellen.

So trennen wir uns im Geiste der Beugung von allem, was uns Not macht und von der Ver-gangenheit her unser Gewissen belastet. Wir möchten in der Zukunft unsere Aufgabe deutli-cher sehen, uns von unserem Herrn Jesus Christus neu für den Dienst am Evangelium wei-hen und für die Gemeinschaft mit den Brüdern in unserem Volk und in der ganzen Welt heili-gen lassen.

1.13 Hans Fehr, Vortrag in einem kirchengeschichtlichen Seminar in Hamburg, 1958[72]

Das Leben des Bundes in diesem totalen Staat war einfach nicht leicht. Das klare Wort von Röm. 13 war da – so waren wir erzogen. Wie oft haben wir gesagt, der Staat ist ein Diakon Gottes; das können wir nicht gut umbiegen – nur war die Haltung der Gemeinden unseres Bundes im totalen Staat wieder sehr schwer. Wir hatten uns so vereinbart, wir wollen so weit gehen, dass wir immer noch das Evangelium sagen können. Erst wenn das uns verboten wird, ist die Zeit des offenen Kampfes da. Manche Prediger haben da erst recht Texte des Alten Testaments gepredigt, bis die Gemeinde es leid war, aber aus Opposition. Der Gewinn

---

[72] Abschrift stenografischer Notizen von einem Vortrag des Bundesvorstehers Hans Fehr im Rahmen eines kirchengeschichtlichen Seminars zur Geschichte des Baptismus im Sommersemester 1958 des Theologischen Seminars des BEFG in Hamburg; Privatarchiv Szobries. – Hans Fehr war der einzige Zeitzeuge, der sich damals bewegen ließ, über seine Erfahrungen aus der NS-Zeit zu berichten; vgl. seinen Beitrag in der Festschrift „Fünfzig Jahre Albertinen-Haus", Hamburg 1957, S. 9: „[...] Wir er-kannten erst allmählich, dass die Männer und Worte und Fahnen falsche Götter waren. [...]".

aus dieser Verpflichtung, das Evangelium auf alle Fälle zu verkündigen, ist gewiss das Gute und war größer als der etwaige Gewinn eines früh herbeigeführten Verbotes. Der Zeugnisdienst war nicht leicht. Die bündische Jugend wurde aufgelöst, unser Schrifttum kam 1941 zum Erliegen, im Juni 1941 wurde die christliche Presse verboten [offiziell wegen des Krieges]. In dieser Zeit haben wir die Ostmission aufgezogen, hinter der siegenden Wehrmacht her. Die unterdrückten Menschen haben wir gesammelt, besonders in der Ukraine, Bibeln und Gaben versandt. Für die Durchführung dieses Dienstes war es weise genug, die Bundesleitung davor zu bewahren, allzu früh den Bestand des Bundes aufs Spiel zu setzen. [...] Wir haben eine Haltung (?) durchsetzen können, nicht immer frohen Gewissens, aber schließlich vor Gott doch guten Gewissens.

Hat der Nazismus uns irgendwie innerlich geschadet? Blut- und Boden-Theorie usw. haben uns nicht angefochten. Wir waren im Evangelium genug befestigt, um hier Widerstand leisten zu können. Nicht die Umwelt in ihrer Weltanschauung spielte zu uns hinein, sondern die Not der Menschen. Es ist schwer zu sagen, was hier hineinspielt. Die Taufziffer ist keine absolute Ziffer. Hier spielen zu viele Dinge hinein. Rückgang in der Zeltmission. In Hamburg waren wir uns einig[73]: Wir treten niemals in die Partei ein. Das haben wir eine Zeitlang gehalten. Diakonie [fordert]: es ist Zeit, in die Partei einzutreten; wir haben miteinander geredet und gebetet; schließlich haben wir es getan, um die Häuser zu schützen. Wir haben dann in der Bundesleitung Buße tun müssen, mussten ein Jahr zurücktreten.[74]

1.14 Adolf Pohl, Wort zum Unterrichtsbeginn im Predigerseminar Buckow, 1961[75]

[...] Schmerz erfüllt uns, weil unser Volksleib zerschnitten ist. Es ließe sich ein Schnitt denken, der zwischen zwei Einheiten hindurchführt. Hier aber geht er mitten durch das Leben. Wohl vieltausendfach geht er durch Familien hindurch. Er geht auch quer durch unseren organisch gewachsenen Gemeindebund.

Und der Schmerz vertieft sich noch. In dieser Zertrennung verwirklicht sich ein Stück „Zerstreuung". Zerstreuung kennen wir als einen Ausdruck alter, biblischer G e r i c h t s s p r a - c h e „Gott zerstreut, die hoffärtig sind in ihres Herzens Sinn." „Gott, der du uns verstoßen und zerstreut hast und zornig warst, tröste uns wieder!" Wenn wir nämlich die Ereignisse der

---

[73] Gemeint ist das „Hamburger Dreigestirn": Paul Pohl (Diakonissenhaus Tabea), Hans Luckey (Theologisches Seminar) und Hans Fehr (Albertinen-Diakonissenhaus).

[74] Der Rücktritt erfolgte nach dem Zweiten Weltkrieg.

[75] Die Seminaröffnung fand wenige Wochen nach dem Mauerbau am 7. September 1961 statt. Die Rede hielt Seminardirektor Adolf Pohl, selbst aus dem Westen Deutschlands stammend; in: Die Gemeinde (1961), Nr. 43, S. 13.

letzten zwanzig Jahre in eine einzige Sekunde zusammendrücken könnten, würde auch der Letzte unter uns begreifen, dass unser Volk in diesen zwanzig Jahren auf den Zorn Gottes geprallt ist. Er, der Heilige, hat uns zerschmissen. Da liegen wir nun in unseren Teilen. Darum demütigen wir uns für unser Volk und auch für unser Gemeindewerk unter die gewaltige Hand Gottes. [...]

1.15 Hans Luckey, Interview: Wir sind widerlegt worden, September 1971[76]

Wir sind widerlegt worden

Interview mit Dr. Hans Luckey (II)

Frage: Herr Dr. Luckey, warum gibt es eigentlich im deutschen Baptismus, anders als in der Evangelischen Kirche[77], kein offizielles Schuldbekenntnis über das Verhalten im Dritten Reich?

Luckey: Das Fehlen eines offiziellen Schuldbekenntnisses führe ich auf einen mangelnden Öffentlichkeitswillen zurück. In Wirklichkeit sind Schuldbekenntnisse ausgesprochen worden auf der Bundesratstagung in Velbert[78]. Ich könnte Ihnen genau die Szene schildern, in der Hans Becker ...

Frage: ... der aber nicht aus dem Baptismus kam!

Luckey: – Er war derjenige, der die ganze Gruppe in der Bundesführung beeinflusst hat. Er hatte nicht nur im BfC, sondern eine ganze Zeit lang auch in unserem Werk den stärksten Einfluss, selbst Paul Schmidt gegenüber. – Hans Becker hat damals in Velbert öffentlich vor uns allen Buße getan. Sie könnten sagen: Es war damals nur einer, der die Konsequenz gezogen und seine Stellung aufgegeben hat.[79] Und Sie könnten fragen, warum nicht andere

---

[76] In: Semesterzeitschrift (1971), Nr. 24 (September 1971), S. 15ff; redaktionelle Vorbemerkung: „Der erste Teil des Interviews und biografische Notizen über Dr. Hans Luckey sind abgedruckt in sz 23 (Mai 71), S. 21-23. Die Fragen stellte wiederum sz-Redakteur Eckart Großmann, der auch für die ‚Anmerkungen' verantwortlich ist." Die folgenden Anmerkungen aus dem Original (OAnm.) wurden in längeren Textpassagen gekürzt.

[77] OAnm.: Rat der EKD, 18./19.10.45 in Stuttgart. Der Kernsatz lautet: „Wir klagen uns an, dass wir nicht mutiger bekannt, nicht treuer gebetet, nicht fröhlicher geglaubt und nicht brennender geliebt haben."

[78] OAnm.: 24.-26. Mai 1946

[79] OAnm.: Es war Dr. Luckey selbst, auf Anraten von Jacob Meister und gegen den Rat von Paul Schmidt (siehe Anm. 84).

Verantwortliche, warum also z. B. Paul Schmidt[80] nicht zurückgetreten ist und gewartet hat, bis ihn unsere Gemeinschaft wieder rief. Die Fragen sind berechtigt. Allerdings spielten auch die besonderen Umstände mit. Wir saßen ja in einer furchtbaren Not. Und es war die Frage, wie es überhaupt weitergehen würde. Ich könnte noch hinzufügen, dass vom Weltbund her diese Frage, die Sie gestellt haben, noch viel stärker vorgebracht worden ist. Wir sind ja in Stuttgart verhört worden.

Frage: Die Fragen, die Ihnen das baptistische Ausland gestellt hat, wurden auch während des 7. Weltkongresses der Baptisten in Kopenhagen 1947 laut. In das bisher unveröffentlichte Grußwort der deutschen Delegation wurde damals unter allgemeinem Meinungsdruck der Konferenz eine Art Schuldbekenntnis aufgenommen: „In Demut beugen wir uns unter die Schuld, die unser Volk durch die Gewaltherrschaft der vergangenen Jahre auf sich geladen hat."[81] In einem Gedächtnisprotokoll über ein Gespräch mit Dr. Meister kurz vor seinem Tod (1969) heißt es: „Tatsächlich wurde er (Dr. Meister) nach seiner Rückkehr heftig angegriffen von Leuten, die von einer Entschuldigung nichts wissen wollten".

Luckey: Dr. Rushbrooke, der damalige Präsident des Weltbundes, war 1946 hier in Hamburg und rief mich in das Hotel „Reichshof". Er erklärte mir, dass das Exekutivkommitee der Baptist World Alliance in Washington beschließen wollte, die Gemeinschaft mit den deutschen Brüdern aufgeben, nachdem bekanntgeworden war, was in deutschen Konzentrationslagern geschehen war und im Blick auf die Tatsache, dass niemand von uns selbst ins KZ eingeliefert worden war, usw. Dann habe er in Washington gesagt: Brüder, tut das nicht; ich will hinfahren, die Brüder sollen sich zuerst verantworten. Und er kam zu mir, weil ich damals einer der Vizepräsidenten des Weltbundes war. Ganz kurz meine entscheidende Antwort: Ich habe ihm klarzumachen versucht, dass wir bis zum letzten Augenblick immer vor der Frage gestanden haben: Sollen wir es zum Verbot kommen lassen? Oder sollen wir die Möglichkeit, das Evangelium zu treiben, als das Höhere ansehen? Ich habe Dr. Rushbrooke nahegelegt: Sie können vor der Öffentlichkeit unserer Gemeinschaft überprüfen, ob wahr ist, was ich sage, nämlich, dass niemand von uns sich weltanschaulich auf die Seite des Nationalsozialismus gestellt hat.

Frage: Aus der Reihe der leitenden Männer?

Luckey: Ja.

Frage: Aber Ortsprediger haben in SS-Uniform auf der Kanzel gestanden. Gemeindemitglieder haben unter Duldung von Gemeinden die jüdische Abstammung anderer Gemeindemitglieder an die GESTAPO verraten.

---

80 OAnm.: siehe Anm. 84.

81 OAnm.: Vollständiger Wortlaut des Grußwortes: „Unsere Gemeinden aus Deutschland entbieten [...]" [siehe Dokument 1.11]

Luckey: Das meine ich jetzt nicht. Ich meinte die Verantwortlichen. Wir haben wahrlich nicht mit einem reinen Gewissen die Entscheidungen getroffen, sondern mit einem gedrückten Gewissen. Wenn z. B. niemand von uns ins KZ gekommen ist, so hat es zum Teil daran gelegen, dass sich die Umstände zuletzt ganz schnell gewandelt haben. Ich konnte Dr. Rushbrooke ein Beispiel nennen: Meine Frau und ich haben in Wiedenest[82] auf gepackten Koffern gesessen und darauf gewartet, dass wir abgeholt werden. Es ist nicht dazu gekommen. Die Front war bereits zu hören und die Partei musste abziehen. Wenn es also nicht dazu gekommen ist, dass einer von uns verhaftet wurde, dann nicht deshalb, weil wir keinen Widerstand geleistet haben, sondern weil von unserem Widerstand in der Öffentlichkeit keine Notiz genommen wurde.

Frage: Es hat nicht an Versuchen der Partei gefehlt, die Baptisten gegen die Ev. Kirche auszuspielen. Das muss doch seinen Grund gehabt haben. Aber trotzdem: Wenn wir von „Schuld im Dritten Reich" sprechen, so geht es uns heute nicht darum, Bösewichter auszugraben und Scheiterhaufen anzuzünden. Es geht uns um die notwendige Reflexion über das Geschehene, um einen Lernprozess. Diesen Lernprozess vermissen wir.

Luckey: Das ist richtig. Ich habe nur die Frage: Wenn heute politische Theologie unter uns im Raum steht, sind die Betreffenden sich klar darüber, dass wir, die ältere Generation, in jener Periode, als wir es vor und nach 1933 mit der Politik versucht haben, grausam widerlegt worden sind?

Frage: Durchaus. Das ist gleichzeitig ein wesentlicher Hinweis für den Widerstand, der unserem Denken und Handeln heute entgegengebracht wird. Nur, der Dialog über diese Erfahrungen hat zwischen den Generationen nicht stattgefunden. Unsere Fragen wurden nicht beantwortet. Warum nicht? Das über die Jahre 1933 bis 1945 ängstlich ausgebreitete Tabu hat misstrauisch gemacht gegenüber denen, die sich als Vorbild und Lehrmeister der nachwachsenden Generation verstanden. Die Misstrauischen, wir Jüngeren also, mussten nach eigenen Wegen im Verhältnis zu Gesellschaft und Staat suchen. Das geschah wiederum ohne Rückkopplung zu den Älteren. Dieser Bruch ist auch im deutschen Baptismus sichtbar.

Luckey: Soweit würde ich nicht gehen. In Wirklichkeit muss das noch kommen. Ich hoffe, dass das Buch von Riethmüller[83] Aufschluss geben wird. Hier liegt auch noch eine Aufgabe für die überlebenden Akteure. Vieles ist noch nicht bekannt.

Frage: Sicherlich, aber gerade das machen wir, 25 Jahre nach Kriegsende, auch zum Vorwurf.

---

[82] OAnm.: Die Bibelschule Wiedenest beherbergte damals die Reste [des im Krieg zerstörten] Theologischen Seminars Hamburg.

[83] OAnm.: erscheint in Kürze.

Luckey: Vielleicht gehört dies alles zu dem Thema: „Geschichtslose Sekte". Das heißt, die Einschätzung des Geschichtlichen ist noch heute bei uns gering. Das liegt ohne Zweifel an unserer Frömmigkeit. Sozusagen: Die Baptisten lassen die Toten ihre Toten begraben. Mission ist alles.

Frage: Könnte es dafür nicht noch eine zweite Ursache geben? Ich zitiere aus dem – übrigens auch in Velbert 1946 vorgetragenen – Rechenschaftsbericht über die Jahre 41 bis 46[84]. Es geht hier nicht um eine Person, sondern es geht darum, was öffentlich gesagt worden ist und daher öffentliche Wirkung hat. Ein allgemeines Schuldbekenntnis wurde aus theologischen Gründen abgelehnt[85]. Wichtiger scheint die „Schlussbemerkung": „Diese Tagung kann sich im Zurückschauen nicht erschöpfen ... Sie kann die Gemeinden zu vermehrter Treue und zu noch stärkerem Zeugnis aufrufen." Wird hier nicht die notwendige Reflexion schon im Ansatz durch fromme und kopfnickenauslösende Leerformeln ersetzt?

Luckey: Leerformeln würde ich das nicht nennen, sondern reinen Pragmatismus: Treu sein, Mission treiben, das ist das Positive. Dann überwinden wir im Ganzen. Das ist freilich ein Fehlschluss gewesen. Im Untergrund hat es immer noch gebohrt. Vor allem im Ausland blieben ernste Vorbehalte. Das heißt, man hat das Vertrauen nicht entgegenbringen können, wie man es gerne gewollt hätte, dann nämlich, wenn wir uns gewissermaßen „gereinigt" hätten. Das ist ganz klar. Wobei allerdings auch gefragt werden muss: Wer sitzt da zu Gericht? 1933 hatte kein Vorbild! Wir meinten, es komme eine nationale Erhebung. Heute verfügen die alte sowohl wie junge Generation über diese Erfahrung.

Frage: Sie sagten bereits 1932 auf der Pfingsttagung in Mühlhausen (Thüringen): „Gott sei es geklagt, dass er uns in einer vulkanischen Zeit auf einen zerrissenen Acker gesät hat, so dass wir mehr sündigen müssen, als es vielleicht je geschah."[86] Würden Sie das heute als Kurzfassung baptistischer Geschichte im Dritten Reich gelten lassen?

---

[84] OAnm.: Paul Schmidt, Unser Weg des Bundes Evangelisch-Freikirchlicher Gemeinden in den Jahren 1941-1946, Bericht an den Bundesrat in der Sitzung vom 24.-26. Mai 1946 in Velbert, Stuttgart 1946. Paul Schmidt war vor und nach 1945 Direktor des „Bundeshauses" entsprechend der jetzigen Stellung des Generalsekretärs.

[85] OAnm.: Im Zusammenhang: „Der totale Zusammenbruch Deutschlands hat es mit sich gebracht [...]", Paul Schmidt, a.a.O., S. 19-21. [siehe Dokument 1.07].

[86] OAnm.: Im Zusammenhang: „Auch uns, die wir zum Herrn im Himmel gehören, zieht ein mächtiger, aus unserer Natur quellender Trieb hinein in den Strudel der politischen Leidenschaft. Denn wir sind nach Gottes gnädiger Wahl zwar Glieder am Leibe Christi; *göttlicher* Geist durchströmt darum unsere Herzen. Wir sind aber auch nach Gottes Schicksal formendem Willen Glieder am Leibe eines Volkes; *völkisches* Leben durchkreist deshalb unser Geblüt. Sollte nun der Zeitlauf oder sollte unsere Erkenntnis uns zwingen, zwischen beidem zu scheiden, wird nicht etwa nur ein göttlicher Gedanke der völkischen Idee feind, vielmehr gerät der Geist in den Kampf wider das Blut. Dieser Konflikt endet aber, wie er auch ausfallen mag, in lähmender Schuld. Gott sei es geklagt, dass er uns in einer vulkanischen Zeit auf einen zerrissenen Acker gesät hat, so dass wir mehr sündigen müssen, als es

Luckey: Ich würde zu dem, was ich damals gesagt habe, hinzufügen: Buße ist keine öffentliche Prozedur, sondern kommt aus inneren Einsichten und Entscheidungen. Wer beim Schritt nach vorne in der ersten Reihe steht, unterliegt den Spannungen zwischen Schicksal und Schuld. Das gilt aber noch heute. Es gibt kein Vorangehen, auch Eures nicht, das nicht in der Spannung von Schuld und Buße steht. Wir müssen dazulernen, dass unser Versagen und unsere Buße ganz praktisch auch unsere Nächsten betreffen. Und zwar stellvertretend für die Menschen um ihn und nach ihm. Seine Schuld ist also immer die größere. Zurücknehmen und wieder gut machen kann er nichts. Er kann nur lernen, wenn ihm noch Zeit gegeben ist. Wenn nicht, dann kann er nur noch beten.

Als einer der Ältesten bin ich freilich im Blick auf vieles, was heute unter uns passiert, geneigt, hinzuzufügen: Man lernt aus der Geschichte, dass man nichts aus der Geschichte lernt.

1.16 Manfred Sult, Bericht des Präsidenten an den Bundesrat des BEFG in der DDR, 1984[87]

Beim Bedenken des geschichtlichen Weges werden wir auch an Zeiten großer Bedrängnisse und Erprobungen erinnert. Wir erleben diese Konferenztage in Bruderschaft mit Brüdern aus anderen Ländern und Bünden. Dankbar sind wir für die Entwicklungen und Erfahrungen in den internationalen Beziehungen und in den vielfältigen Formen geistlicher Gemeinschaft. Wenn wir auf unserer Bundeskonferenz Rückschau auf einen langen, geschichtlichen Weg halten, dann wissen wir, dass dieser Weg zugleich inmitten der Zeit- und Weltgeschichte verlief. Es war ein Weg, den unsere Gemeinden und ihre Glieder mit unserem Volk und als dessen Bürger zu gehen hatten. Dabei dürfen wir auch die Zeit der nationalsozialistischen Herrschaft nicht ausklammern. Von den heutigen Gemeindegliedern haben manche diese Zeit bewusst erlebt und viele waren über die damaligen Ereignisse – denken wir insbesondere auch an die Judenverfolgung – betroffen. Wir haben heute Gemeindeglieder, die in dieser Zeit aufgewachsen sind und erst in der Rückschau über den Umfang des Bösen in der damaligen Zeit betroffen sind. Da sind aber auch Gemeindeglieder, für die diese Zeit nur Geschichte ist und die ihre – gewiss berechtigten – Fragen an die damalige Generation stellen und auch nach Schuld, Schuldverflechtung und Schuldbekenntnis fragen.

---

vielleicht je geschah. Gott sei es aber auch gesagt: Vergib uns unsere Schuld und führe uns nicht in Versuchung, denn dein ist das Reich und die Kraft und die Herrlichkeit in Ewigkeit.", Hans Luckey, „Unsere Stellung in Rasse und Blut", in: Jungbrunnenheft 5, S. 21, 2. Auflage Kassel 1932 (Hervorhebung nach Original).

[87] Auszug aus dem Bericht des Präsidenten an den Bundesrat 1984 des BEFG in der DDR, 31. Mai 1984 (hektographiert), S. 13, in: Bundesrat 1984, Oncken-Archiv Elstal, Bestand A Kart. 34.

Es hat nach Beendigung des Zweiten Weltkrieges und der Befreiung vom Faschismus nicht an derartigen Bekenntnissen und an Bezeugungen des Angewiesenseins auf Gnade und Vergebung, aber auch des Dankes für den von Gott geschenkten Neuanfang gefehlt. Wir können auch heute nicht anders, ganz gleich wie und ob wir jene Zeit miterlebt haben, als uns unter die Schuld zu stellen, uns der Vergebung Gottes zu vergewissern, die erfahrene Vergebung von Seiten derer, an denen unser Volk und damit auch wir schuldig wurden, dankbar zu bezeugen und um Vergebung zu bitten, wo noch Schuld trennt. Es liegt uns daran, dies auch vor unseren europäischen Gästen zum Ausdruck zu bringen.

Nicht vergessen wollen wir diejenigen, die es gewagt haben, in jener dunklen Zeit durch ihr mutiges Bekenntnis ein Zeugnis für Jesus Christus gegen alles Unrecht abzulegen und dafür Benachteiligung, Not und Strafe erlitten. Möge Gott uns helfen, auch aus diesem Teil der Geschichte zu lernen, unseren bleibenden Auftrag zu erkennen und Zuversicht zu gewinnen.

1.17 BEFG in Deutschland, „Hamburger Schuldbekenntnis", EBF-Kongress Hamburg, 2. August 1984[88]

Erklärung zur NS-Zeit

Liebe Schwestern und Brüder, verehrte liebe Gäste und Freunde! Im Namen und Auftrag des Bundes Evangelisch-Freikirchlicher Gemeinden in Deutschland verlese ich in dieser Stunde ein Wort seiner Bundesleitung zum Verhalten unserer Freikirche im sogenannten Dritten Reich. Diesem Wort der Bundesleitung hat gestern der Bundesrat, unser oberstes Verfassungsorgan, einmütig zugestimmt.

Die Rückschau auf 150 Jahre unserer baptistischen Geschichte in Deutschland schließt auch die verworrene Zeit unter der nationalsozialistischen Gewaltherrschaft ein. In unserem Volk und durch unser Volk ist viel Unrecht geschehen. Scham und Trauer erfüllen uns, besonders wenn wir an die Verfolgung und Massenvernichtung von Juden denken. Wegen dieser Schuld unseres Volkes bleiben wir auf die Vergebung Gottes angewiesen. Der durch Deutschland ausgelöste Zweite Weltkrieg brachte unermessliches Leid über viele Völker und endete schließlich in einer furchtbaren Katastrophe. Die Folgen haben wir, und in noch viel stärkerem Maße Angehörige anderer Völker, bis heute zu tragen.

Das Böse von Anfang an zu erkennen, war schwerer, als es heute im Rückblick erscheint. Es gab unter uns Menschen, die das damalige Regime durchschauten, davor warnten und

---

[88] Offizielle Fassung nach der Dokumentation „EBF-Congress 1984 Hamburg", B 9, S. 71f; in der Abendversammlung am 2.8.1984 verlesen vom Präsidenten des BEFG Günter Hitzemann; Oncken-Archiv Elstal, Bestand ARC Nbb 9; vgl. Die Gemeinde (1984), Nr. 36, S. 2.

sich tapfer dem Unrecht wiedersetzten. Doch wir haben uns nicht öffentlich mit dem Kampf und Leiden der Bekennenden Kirche verbunden und ebenso versäumt, eindeutig den Verletzungen göttlicher Gebote und Ordnungen zu widerstehen. Es beugt uns, dass wir als deutscher Bund der ideologischen Verführung jener Zeit oft erlegen sind und nicht größeren Mut zum Bekenntnis für Wahrheit und Gerechtigkeit bewiesen haben. Auch nach dem Zusammenbruch des Hitlerregimes wurde nur von Einzelnen, aber nicht offiziell für den Bund Evangelisch-Freikirchlicher Gemeinden zu jenen Geschehnissen Stellung genommen.

Als Menschen, die jene Zeit nur in unterschiedlicher Dauer oder auch gar nicht miterlebt haben, sehen wir uns in die Schuld unseres Volkes und unserer Bundesgemeinschaft verflochten und tragen sie mit. Wir bekennen dies heute auch vor Euch, unseren Brüdern und Schwestern der baptistischen Unionen Europas. Wir bitten Gott, dass wir aus diesem Teil unserer Geschichte lernen, um dadurch wacher zu sein im Blick auf die geistigen Verführungen unserer Zeit.

Ich füge diesem Wort der Bundesleitung Gebetsworte aus dem Psalter an:

Aus der Tiefe rufe ich, Herr, zu Dir, höre meine Stimme! Denn Du hast uns geprüft, o Gott, Du hast uns ins Netz geraten lassen, hast drückende Lasten auf uns gelegt. Du hast Menschen über unser Haupt dahinfahren lassen. Wenn Du Sünden anrechnest, Herr, wer kann bestehen? Doch bei Dir ist Vergebung, auf dass man Dich fürchte. O Gott, Du bist mein Gott, Dich suche ich. Meine Seele dürstet nach Dir, denn Deine Gnade ist besser als das Leben. (aus Ps. 130, 63 und 67)

1.18 Ausländische EBF-Kongress-Teilnehmer, Antwort auf die Erklärung zur NS-Zeit, 4. August 1984[89]

Erklärung an den EBF-Kongress zum Wort des Bundes Ev.-Freik. Gemeinden

1. Wir, die nicht-deutschen Teilnehmer des Europäischen Baptistischen Kongresses, versammelt in Hamburg am 4. Aug. 84, haben mit Dankbarkeit und Respekt die Erklärung gehört, die der Bund Evangelisch-Freikirchlicher Gemeinden über die Rolle der Baptisten in der Zeit des Nazi-Regimes gab, und wissen den Mut und die Demut zu schätzen, die diese Worte zeigten.

---

[89] A.a.O. B 10, S. 73. Vorgetragen am 4.8.1984 von Rev. Dr. David Russell, dem Vorsitzenden des Resolutionsausschusses der EBF, von ihm und Rev. Peter Barber unterzeichnet; vgl. Die Gemeinde (1984), Nr. 36, S. 2.

2. Beim Zuhören wurde uns umso mehr bewusst, dass die Last der Geschichte schwer auf uns liegt, zugleich jedoch auch, dass es Barmherzigkeit und Vergebung durch das Kreuz Christi gibt.

In Christus vereinen wir uns mit den deutschen Gemeindemitgliedern in ihren ernsten Gebeten, wissend, dass auch wir der Barmherzigkeit und Gnade Gottes bedürfen.

3. Wir erkennen umso deutlicher, dass wir wachsam sein müssen und uns nicht durch die vielfältigen Einflüsse, die Böses und Krieg heraufbeschwören, verführen lassen dürfen und dass wir mit Entschlossenheit alles tun, was dem Frieden dient.

1.19 Bundesleitung des BEFG in der DDR, Wort an die Gemeinden zum 40. Jahrestag des Kriegsendes, 3. April 1985[90]

Wort an die Gemeinden zum 40. Jahrestag des Kriegsendes

Wenn wir uns am 8. Mai 1985 an das Ende des zweiten Weltkrieges vor vierzig Jahren erinnern, so denken die Jüngeren unter uns dabei zuerst an ein Datum der Geschichte, während sich für die ältere Generation damit sehr persönliche und unterschiedliche, nicht selten auch schwere Erinnerungen verbinden.

Es ist wichtig, dass wir nicht vergessen, was geschehen war: Als Folge des schrecklichen Krieges, mit dem der deutsche Faschismus Europa überzogen hatte, waren überall auf dem Kontinent Dörfer und Städte von Kampf und Tod gezeichnet, lagen die großen Städte unseres eigenen Landes in Trümmern.

Mehr als vierzig Millionen Tote hatte der Krieg gefordert. Wir gedenken der zwanzig Millionen Bürger der Sowjetunion, der sechs Millionen Polen, der vielen Menschen aus anderen Ländern und Armeen, die im Kampf und Widerstand gegen den Faschismus ihr Leben verloren; wir gedenken der sechs Millionen Juden, die auf so grausame Weise Opfer eines Rassenwahns wurden; wir gedenken der Millionen deutschen Kriegstoten. Die unsagbaren menschlichen Leiden von damals haben Auswirkungen bis in unsere Zeit.

Auf diesem Hintergrund bedeutete der 8. Mai 1945, der Tag des Kriegsendes, Befreiung. Die Antihitlerkoalition hatte den Faschismus besiegt; eine Herrschaft der Gewalt, der Unmenschlichkeit und der Verbrechen war zerschlagen. Befreit atmeten die Überlebenden auf und versprachen einander: Nie wieder Krieg!

Tief bewegt und betroffen erkannten nicht wenige Mitglieder unserer Gemeinden in dieser Wende das Handeln Gottes, das sein Gericht und zugleich das Angebot seiner Gnade ein-

---

[90] Als Brief an die Gemeinden im April versandt (hektographiert), in: Nachrichtendienst, Oncken-Archiv Elstal, Bestand A Kart. 84; veröffentlicht in: Wort und Werk (1985), Nr. 5, S. 1f.

schließt. So wurde das eigene Versagen erkannt und als Schuld bekannt. Bei dem geschichtlichen Rückblick im Bundesratsbericht unserer Jubiläumskonferenz 1984 wurde in diesem Zusammenhang ausgeführt:

„Es hat nach Beendigung des zweiten Weltkrieges nicht an derartigen Bekenntnissen und an Bezeugungen des Angewiesenseins auf Gottes Gnade und Vergebung, aber auch des Dankes für den von Gott geschenkten Neuanfang gefehlt. Wir können auch heute nicht anders, ganz gleich, wie und ob wir jene Zeit miterlebt haben, als uns unter die Schuld zu stellen, uns der Vergebung Gottes zu vergewissern, die erfahrene Vergebung von seiten derer, an denen unser Volk und damit auch wir schuldig wurden, dankbar zu bezeugen und um Vergebung zu bitten, wo noch Schuld trennt. Nicht vergessen wollen wir diejenigen, die es gewagt haben, in jener dunklen Zeit durch ihr mutiges Bekenntnis ein Zeugnis für Jesus Christus gegen alles Unrecht abzulegen, und dafür Benachteiligung, Not und Strafe erlitten. Möge Gott uns helfen, auch aus diesem Teil der Geschichte zu lernen, unseren bleibenden Auftrag zu erkennen und Zuversicht zu gewinnen."[91]

Heute blicken wir mit Dankbarkeit auf vierzig Jahre Frieden in Europa zurück. Wohl mussten wir die Tatsache annehmen lernen, dass im Zuge der europäischen Nachkriegsordnung auf deutschem Boden zwei Staaten entstanden sind. Die zurückliegenden Jahrzehnte haben wir in der Deutschen Demokratischen Republik als Zeit friedlichen Aufbaus miterlebt und mitgestaltet. Gleichberechtigt mit allen anderen Kirchen richten unsere evangelisch-freikirchlichen Gemeinden in Verkündigung, Zeugnis und Dienst ihren Auftrag in unserem Land aus. Uns ist aufgetragen, die Botschaft der Versöhnung zwischen Gott und Menschen weiterzusagen.

Dieser Auftrag schließt Einsatz für das friedliche, unbeeinträchtigte Zusammenleben der Menschen und Völker und Verantwortung für die Bewahrung des Friedens ein. Tiefe Sorge um den Frieden bewegt uns angesichts des Wettrüstens, der Aufstellung neuer Raketensysteme in Europa und neuester Bestrebungen, auch den Weltraum zu militarisieren. Durch solche Entwicklung werden Leben und Frieden bedroht und gefährdet. Mit vielen Menschen teilen wir die Befürchtung, dass das Anwachsen des Rüstungspotentials, die Verletzung von Menschenrechten, Armut und Hunger in der Welt die Beziehungen zwischen den Völkern belasten. Umso mehr ist ein jeder von uns verpflichtet, gemäß der göttlichen Berufung durch sein Verhalten und Handeln Frieden zu stiften und für Gerechtigkeit zu wirken.

Dabei hat das Gebet besondere Bedeutung. Es ist ein unverwechselbarer Dienst des Christen. Im Gebet treten wir vor Gott für Menschen ein, die irgendwo auf Erden unter kriegerischen Auseinandersetzungen und unter Ungerechtigkeit in irgendeiner Form leiden. Mit unserem Gebet begleiten wir alle Bemühungen um sicheren Frieden in der Welt durch Vertrauensbildung, Verhandlungen und friedliche Koexistenz, ebenso alle Schritte und Bemühun-

---

[91] Siehe Dokument 1.16.

gen, die Beziehungen zwischen den beiden deutschen Staaten weiter zu entspannen und zu normalisieren.

Dem Gebet trauen wir Kraft und Wirkung zu. Der Apostel Paulus ermahnt uns: „Das erste und wichtigste, wozu ich die Gemeinde aufrufe, ist das Gebet. Bringt eure Bitten und Fürbitten und euren Dank vor Gott! Betet für alle Menschen, für die Regierenden und für alle, die Gewalt haben, damit wir in Ruhe und Frieden leben können, in Ehrfurcht vor Gott und in Rechtschaffenheit" (1. Tim. 2, 1f).

Berlin, den 3. April 1985   Die Bundesleitung

1.20 Bundesleitung des BEFG in Deutschland, Wort zum 50. Jahrestag der Reichspogromnacht, 5. November 1988[92]

Wort der Bundesleitung zum 50. Jahrestag der Reichspogromnacht

In der Nacht vom 9. zum 10. November 1938 haben die Nationalsozialisten vor den Augen der Öffentlichkeit Synagogen in Brand gesteckt, jüdische Geschäfte zerstört, jüdische Bürger geschlagen und gefoltert. Damit begann die Verschleppung in die Konzentrationslager und die systematische Vernichtung der jüdischen Mitbürger. Diese November-Pogrome jähren sich in diesem Jahr zum 50. Mal.

Die Bundesleitung des Bundes Evangelisch-Freikirchlicher Gemeinden in Deutschland hat während ihrer Sitzungen in Wildbad (3.-6. November 1988) erneut an dieses schreckliche Geschehen und an die Opfer gedacht, deren Leiden und Tod nicht vergessen werden dürfen. Anlässlich des Kongresses der europäischen Baptisten 1984 in Hamburg hat der Bund Evangelisch-Freikirchlicher Gemeinden eine Schulderklärung zur NS-Zeit abgegeben. Auf der Grundlage dieser Erklärung ruft die Bundesleitung dazu auf, aus den Irrtümern und der Schuld der Vergangenheit Konsequenzen zu ziehen. In diesen Tagen des Erinnerns ist es das Anliegen der Bundesleitung, dass die Würde aller Menschen und insbesondere der jüdischen Mitbürger nicht nur theoretisch, sondern praktisch geachtet wird. Dies ist gemäß der Bibel Gebot Gottes und Ausdruck seiner Liebe in Jesus Christus.

Die Wirklichkeit und Last der Geschichte dürfen wir nicht vergessen. Auch wenn die Ereignisse der Pogrome damals bei vielen Christen zunächst maßloses Entsetzen und hilfloses Erschrecken ausgelöst haben, so ist doch in der Folge zu viel Anpassung geschehen und zu wenig Widerstand geleistet worden. Darunter müssen wir uns stellen. Weil wir aber Barm-

---

[92] Entwurf von Wolfgang Lorenz, beschlossen auf der Sitzung der Bundesleitung in Wildbad vom 3.-6. November 1988, in: Protokolle der BL-Sitzungen 2.-5.11.88 in Wildbad, Oncken-Archiv Elstal, Bestand B 2; vgl. Die Gemeinde (1988), Nr. 49, S. 11.

herzigkeit und Vergebung durch Jesus Christus empfangen haben, können wir den „Dienst der Versöhnung", zu dem uns Christus befähigt hat, ausrichten.

Die Bundesleitung hat in ihrer Sitzung in Wildbad aus Ausdruck dieses Versöhnungsdienstes das Ehepaar Jeff und Brigitte Crannage berufen, um „Dienste in Israel", eine Arbeit unter Volontären im Staat Israel, fortzusetzen.

Wildbad, den 5. November 1988

1.21 Bundesleitung des BEFG in der DDR, Wort zu den Ereignissen und Reformen im Land, Dezember 1989[93]

Wort der Bundesleitung

Unter dem Eindruck der Ereignisse und Reformen in unserem Land stellen sich uns Fragen nach unserem Standort in den Veränderungen und nach dem Weg, den wir gemeinsam als Bundesgemeinschaft gehen. Nachstehend einige Gedanken dazu:

1. Wir haben allen Grund uns zunächst zu beugen, weil jeder in den zurückliegenden Jahren weithin angepasst gelebt hat. Unrecht wurde von uns zu wenig als Unrecht benannt. Viele in unseren Gemeinden haben sich schweigsam zurückgezogen, weil sie in den Auseinandersetzungen in den Bereichen Schule, Berufsausbildung, Arbeitsplatz und Behörden kein Gehör fanden und sich auch nichts veränderte. Nicht selten waren Benachteiligungen und Zurücksetzungen die Folge eines klaren Bekenntnisses. Nachteile mussten ertragen und durchlitten werden. Sicher haben wir auch zu wenig gebetet und geglaubt, dass der Herr einen Weg finden wird, um die Macht der Diktatur zu brechen. Jeder sollte sich nach seinen Versäumnissen fragen, seine Schuld und seinen Kleinmut bekennen. Dennoch war diese Zeit nicht vergeblich. Wir haben vielfältig die führende und helfende Hand unseres Herrn erfahren. [...]

2. Die weiter anhaltende Fluchtbewegung von Bürgern unseres Landes in Richtung Westen ist für uns ein schmerzlicher Vorgang. Er beweist, dass die bereits geschehenen und in Aussicht genommenen Reformen von vielen Bürgern als nicht zuverlässig und stabil beurteilt werden. Auf dem Wege zur politischen und wirtschaftlichen Stabilität sind weiter konkrete Entscheidungen nötig, die Reformen in unserem Land festschreiben. Im Zusammenhang mit der Fluchtbewegung haben wir Lücken in unseren Gemeinden zu beklagen, die durch den Weggang von Gemeindegliedern entstanden sind.

---

[93] Aus dem Allgemeinen Bericht des Präsidenten des BEFG in der DDR, Manfred Sult, an die Bundesleitung im Dezember 1989; als Wort der Bundesleitung an die Gemeinden versandt – als Anlage zum Nachrichtendienst vom 29.12.1989, in: Nachrichtendienst, Oncken-Archiv Elstal, Bestand A Kart. 84.

3. Bei den jetzt laufenden Enthüllungen über Korruption und Amtsmissbrauch sollten wir nicht der Schadenfreude oder gar Rache- und Hassgefühlen Raum geben. Rechtsverletzungen müssen nach dem Recht bestraft werden.

4. Im Sinne des Schlusswortes im letzten Rundschreiben (Okt. 1989)[94] möchte ich auf ein Leben in der Wahrheit und Wahrhaftigkeit verweisen. Es gilt nicht nur die Wahrheit zu verkündigen, sondern auch für die Wahrheit einzustehen. Mit unserem Dienst und Zeugnis sollten wir die Nähe der Menschen suchen. Die neu gewonnene Freiheit und die Freude an den materiellen Dingen können den Menschen nicht vor Enttäuschungen schützen. Viele Erwartungen werden sich nicht erfüllen. Aus der Begegnung mit der westlichen Welt wissen wir, dass die Freiheit ihren Preis hat. Es geht um einen harten Kampf: Nur wer viel zu leisten vermag, erreicht die gesteckten Ziele. In diesem Kampf bleiben viele auf der Strecke. In unser Land und damit auch in unsere Gemeinden werden zunehmend religiöse Lehren, Erkenntnisse, geistige Ideen und materielle Versuchungen einströmen. Werden unsere Gemeinden, werden wir selbst genügend gefestigt sein, um in diesen Anläufen standzuhalten und auf dem Weg des Herrn zu bleiben? Sind wir geistliche Hirten? Können unsere Gemeinden für andere Menschen Hirtenfunktion übernehmen, damit sie bei uns Geborgenheit, Führung und Zielstellungen für ihr Leben erhalten? Wir werden es lernen müssen in der Freiheit zu leben, aber auch in ihr zu bestehen. Dort wird die Ernte der Verkündigung eingebracht, wo wir treu am Wort leben und den Menschen Jesus Christus als Hoffnung verkündigen und vorleben. Ich wünschte sehr, dass mit der Beseitigung vieler Einengungen wir an Freimut gewinnen, um noch froher in Gelassenheit und unter Bevollmächtigung unseren Dienst zu tun.

5. Es zeichnet sich schon jetzt ab, dass einige Gemeindeglieder mehr als früher, Fragen im Hinblick auf aktive Mitarbeit und Verantwortung für die Gesellschaft bewegen. Wie werden unsere Gemeinden auf mehr Aktivität Einzelner in Richtung gesellschaftlicher Mitarbeit reagieren? Ich wünschte, dass wir selbst und in den Gemeinden für gesellschaftliche Prozesse wachbleiben und uns nicht aus Verantwortungen herausziehen. Unser kritisches und helfendes Mitdenken und Mittun wird für andere Menschen ein Beweis dafür sein, wie ernst wir es mit der Welt wirklich meinen. Unsere Verkündigung, dass Gott die Welt liebt, und dass Gott die Welt durch Christus mit sich selbst versöhnt hat, muss durch eine eindeutig der Welt zugewandte Haltung bestätigt werden. Als Versöhnte stehen wir unter dem Auftrag, die Versöhnung dort zu leben, wo die Menschen leben, fragen, leiden und hoffen.

---

[94] Bundesbrief des BEFG in der DDR an die Gemeinden vom Oktober 1989: „In allen Lebensbereichen, in den notwendigen Veränderungen gesellschaftlicher Verhältnisse in unserem Land ist Reden und Handeln aus der Wahrheit und für die Wahrheit gefragt." In: Nachrichtendienst, Oncken-Archiv Elstal, Bestand A Kart. 84.

1.22 Präambel des Vereinigungsvertrages zwischen dem BEFG in Deutschland und dem BEFG in der DDR, 10. Mai 1991[95]

In tiefer Dankbarkeit gegen Gott freuen wir uns über die bewegenden Veränderungen in der Geschichte unseres Volkes. Gott hat Türen geöffnet und Mauern überwunden. Die politischen Gründe, die nach dem zweiten Weltkrieg zur Bildung von zwei Bünden Evangelisch-Freikirchlicher Gemeinden auf dem Gebiet der Bundesrepublik Deutschland und der Deutschen Demokratischen Republik geführt haben, sind jetzt überwunden. In den Jahren der Trennung war es notwendig, den Auftrag Jesu Christi in zwei Bünden zu erfüllen. Wir bezeugen, dass auch in dieser Zeit die Einheit in Jesus Christus lebendig geblieben ist. Diese Einheit soll jetzt wieder in einem Bund ihren sichtbaren Ausdruck finden.

1.23 Bundesleitung des BEFG, Unser Dank für 50 Jahre Frieden, März 1995[96]

Unser Dank für 50 Jahre Frieden

Die Bundesleitung des Bundes Evangelisch-Freikirchlicher Gemeinden in Deutschland empfiehlt den Gemeinden der 50. Wiederkehr des Kriegsendes am 8. Mai 1945 in Dank, Bekenntnis und Verpflichtung zu gedenken.

Dank

Lobe den Herrn, meine Seele, und vergiss nicht, was er dir Gutes getan hat. (Psalm 103, 2)

Wir danken Gott für fünfzig Jahre Frieden, in denen unser Land trotz der gewaltsamen Teilung vor Krieg bewahrt worden ist. Obwohl immer wieder gefährdet, hat dieser Frieden zur Wiedervereinigung Deutschlands geführt und uns auf einen Weg gebracht, auf dem wir zusammenwachsen können.

Wir danken Gott, dass in vielen Teilen Europas die alten Kämpfe um die Macht durch Frieden abgelöst worden sind. Das hat Schritte zur Versöhnung zwischen ehemals verfeindeten Völkern möglich gemacht.

---

[95] Vereinigungsvertrag, verlesen und unterzeichnet auf dem gemeinsamen Bundesrat am 10. Mai 1991 in Siegen; in: Anträge und Berichte an den Bundesrat 1991, S. 11ff, Oncken-Archiv Elstal, Bestand ARC Dd 67.

[96] In: Bundespost. Nachrichten aus dem Bundesmissionshaus für die Gemeinden des BEFG, März 1995, S. 1, Oncken-Archiv Elstal, Bestand ARC Dg 14; eine Initiative von Günter Wieske.

Wir danken Gott für das Maß an sozialer Sicherheit, an materiellen Gütern und an Freiheit zur persönlichen Gestaltung des Lebens, das sich in dieser Zeit entwickelt hat und das wir zur Verkündigung des Evangeliums und zum Dienst am Menschen nutzen können.

Wir danken Gott, dass viele Menschen jüdischen Glaubens und jüdischer Herkunft ins Land ihrer Vorväter zurückkehren konnten, unter ihnen auch solche, die den von Deutschen ver- übten Holocaust überlebt haben. Und wir sind dankbar, dass zwischen dem Staat Israel und seinen Nachbarn Schritte möglich geworden sind, die einen Weg zum Frieden weisen.

Wir danken Gott für fünfzig Jahre Frieden in dem Bewusstsein, dass dies angesichts unserer eigenen Geschichte ein besonderes Gnadengeschenk ist.

Bekenntnis

Weißt du nicht, dass dich Gottes Güte zur Umkehr leitet? (Römer 2, 4)

Wir wissen, dass die letzten fünfzig Jahre auch eine Zeit unseres Versagen gewesen sind.
Darum bekennen wir unsere Schuld,

- wo wir uns trotz der schweren Schuld, die wir durch den Holocaust auf uns geladen haben, nicht radikal genug von den Wurzeln des Nationalsozialismus und des Antisemitismus ge- löst haben;

- wo wir Menschen in unseren Gedanken und in unserem Handeln ausgegrenzt haben, weil sie anders sind als wir;

- wo wir den Frieden Gottes durch übersteigerten Individualismus, soziale Ungerechtigkeit und Missachtung der auf Gottes Geboten beruhenden Werte verdunkelt haben;

- wo wir die Chancen der Verkündigung des Evangeliums nicht genutzt und den Menschen in Not unsere Hilfe versagt haben.

Verpflichtung

Selig sind die Friedensstifter, denn sie werden Gottes Kinder heißen. (Matthäus 5, 9)

Wir danken Gott für fünfzig Jahre Frieden, mit denen er uns einen weiten Raum gegeben hat, in den wir in seinem Namen neu aufbrechen.
Dabei erkennen wir die Verpflichtung,

- die gute Nachricht von Jesus Christus als den Weg der Versöhnung mit Gott und zwischen den Menschen und Völkern zu bezeugen;

- mit Gottes Hilfe selbst den Weg des Friedens, der Versöhnung und der Gerechtigkeit zu gehen;

- unser Verhältnis zum Volk Israel in der Verantwortung vor Gottes Wort zu gestalten – in Liebe und in der Achtung, die seiner besonderen Stellung im Plan Gottes entspricht.

1.24 Walter Zeschky, Wolfgang Lorenz, Präsidentenbericht an den Bundesrat des BEFG, 1995[97]

Erinnern und Gedenken gehören zum Leben

Die Bundesleitung hat im Gedenken und in Erinnerung an die Zeit vor 50 Jahren und das Ende des 2. Weltkrieges die Gemeinden zu Dank, Bekenntnis und Verpflichtung aufgerufen.[98] [...] Bewusst erinnern wir in diesem Zusammenhang an das Bekenntnis unserer Bundesgemeinschaft anlässlich des Kongresses der Europäischen Baptistischen Föderation 1984 in Hamburg [...][99].

Erinnerung geschieht nicht aus Distanz, sie macht persönlich betroffen, sie betrifft unser Innerstes – auch heute. Trotzdem scheint nach 50 Jahren das Erinnern für die Nachfahren von Tätern und Opfern schwierig zu sein. Im Vorfeld der Gedenkveranstaltungen dieses Jahres wurde um eine gemeinsame Deutung gestritten. Ist dieses Datum Katastrophe, Zusammenbruch, Kapitulation oder in jedem Fall Befreiung, Befreiung zur Umkehr, zum Neuanfang, zur Versöhnung, zum Lernprozess aller Überlebenden?

Der von Deutschland ausgegangene Krieg hat tiefe Wunden in der Völkergemeinschaft geschlagen. Leid und Zerstörung hat auch unsere Bundesgemeinschaft betroffen. Viele unserer Geschwister, besonders aus dem ostdeutschen Raum, mussten sich auf die Flucht begeben, viele kamen dabei um. Die Heimat war verloren, ein Drittel der Bundesgemeinden existierte nicht mehr. In dieser Zeit bewährte sich die Solidargemeinschaft unseres Bundes. Wir gedenken der vielen Opfer dieses verbrecherischen Krieges, zu denen auch die gehören, die ihre Heimat verloren haben. Das Ausmaß an Verführung, Terror und Untaten eines totalitären Regimes und einer gegen Gott gerichteten Weltanschauung ist nicht in Worte zu fassen. Die damals Umgekommenen dürfen nicht der Vergessenheit anheimfallen. Sie sollen durch Erinnerung und Gedenken im Gedächtnis der Menschen gegenwärtig sein.

Unser Dank für 50 Jahre Frieden bezeugt, dass mit dem 8. Mai 1945 in jedem Fall Befreiung geschah und damit Neuanfang und Versöhnung ermöglicht wurden. Wir gedenken des Geschehens damals und der Zeit seither in dem Bewusstsein unseres eigenen Versagens und der Schuld, aber auch der Erfahrung göttlicher Vergebung, seiner Hilfe und Kraft für den Neuanfang. Gottes Güte und Treue haben wir dankbar erlebt.

---

[97] Teil I des Präsidentenberichtes an den Bundesrat in Bochum 1995, in: Anträge, Informationen und Berichte für den Bundesrat 1996, Amtliches Protokoll der Bundesratstagung 1995, Anlage 3, S. 229, Oncken-Archiv Elstal, Bestand ARC Dd 72.

[98] Siehe Dokument 1.23.

[99] Es folgt ein Zitat aus Dokument 1.17.

Im Buch des Propheten Jesaja lesen wir: „Ich habe mein Wort in deinen Mund gelegt und habe dich unter dem Schatten meiner Hände geborgen, auf dass ich den Himmel von neuem ausbreite und die Erde gründe und zu Zion spreche: ‚Du bist mein Volk.'" Menschen jüdischen Glaubens und jüdischer Herkunft, die den von Deutschen verübten Holocaust überlebten, haben in diesem und anderen Worten des Alten Bundes immer wieder Kraft gewonnen.

Uns Christen stellt diese prophetische Erinnerung vor die Frage, welches Wort wir auf unserer Zunge tragen, mit dem wir die Situation unserer Erde zutreffend beschreiben und zugleich die Hoffnung auf ihre Erneuerung bezeugen. Wo finden wir Raum zum Atmen in der Atemlosigkeit der Aktionen und Reaktionen unserer Zeit? Wir haben darauf keine andere Antwort, als um Jesu willen trotz Schuld und Versagen an der Erinnerung teilzunehmen.

Es bleibt die Hoffnung, dass alle Erinnerungen und alles Gedenken zum Leben für heute und morgen verhelfen, denn wer die Vergangenheit vergisst, ist verurteilt, sie zu wiederholen.

1.25 Bruderrat der Arbeitsgemeinschaft der Brüdergemeinden, Zur Haltung der Brüdergemeinden während der Zeit des Nationalsozialismus und nach dem Zusammenbruch, April 1995[100]

Vorwort

1985 jährt sich zum 50. Mal der Tag der Beendigung des 2. Weltkriegs und damit der NS-Gewaltherrschaft. Es leben heute nicht mehr viele von denen, die jene Ereignisse miterlebt haben, und manche betrachten das Kapitel daher als abgeschlossen.

Wir müssen uns aber die Frage stellen, wie unsere Väter damals gehandelt und was sie uns damit hinterlassen haben. Gibt es für die heutige Generation Vorbilder aus unserer eigenen Gemeindetradition, die uns helfen, in ähnlichen Situationen zu bestehen?

In diesen Monaten ist in den Medien viel an Dokumentationen, Stellungnahmen, Schulderklärungen, Zeugnissen tätiger Nächstenliebe und verbalen Widerstands aus christlicher Verantwortung heraus veröffentlicht worden. Es lässt erschauern, es bewegt und fordert zum Nachdenken und Stellungnahmen heraus.

---

[100] Diese Erklärung wurde für den Bruderrat von Michael Zimmermann und Dr. Ulrich Brockhaus unterzeichnet; sie wurde auf dem Bundesrat 1995 als Drucksache Nr. 14 bekannt gemacht; dokumentiert in: Anträge, Informationen und Berichte für den Bundesrat 1996, Amtliches Protokoll der Bundesratstagung 1995, Anlage 11, S. 248f, Oncken-Archiv Elstal, Bestand ARC Dd 72; vgl. Andreas Liese, Die Auseinandersetzung mit der Zeit des Nationalsozialismus in der Brüderbewegung, in: Freikirchenforschung 15 (2005/06), S. 353ff.

Da aber bisher aus den Brüdergemeinden noch keine öffentliche Stellungnahme zu ihrem Verhalten in der NS-Zeit erfolgt ist, halten wir es für dringend erforderlich, uns mit einer Erklärung an die Öffentlichkeit zu wenden. Damit soll ein Anstoß gegeben werden, in Erkenntnis unserer Schuld vor Gott und an Menschen Buße zu tun, Vergebung von Gott zu empfangen und uns befreien zu lassen von der Last dieser Vergangenheit.

Darüber hinaus soll in einer Dokumentation Hilfe zum Verständnis jener wirren Zeit vermittelt werden. Nicht Schuldzuweisung, sondern Verstehen und Lernen und auch Nachahmung des Glaubens muss die Absicht einer solchen Veröffentlichung sein. Auch das Zeugnis vom Widerstand einzelner Männer und Frauen unseres Gemeindekreises muss darin vermittelt werden.

Richtige Einschätzung unserer und der zukünftigen Geschichte, die Fähigkeit, das Böse zu erkennen, die Bereitschaft zur „Zivilcourage" und zum Widerstand und damit auch zum möglichen Martyrium im Vertrauen und in der Hoffnung auf den lebendigen HERRN der Geschichte sollen unter uns wachsen.

Erklärung

Die Zeit des Dritten Reiches

Die Zeit der NS-Herrschaft traf die Brüdergemeinden in Deutschland unvorbereitet. Bestimmte theologische Überzeugungen wie die Auslegung von Römer 13, die zur kritiklosen Zustimmung zum jeweiligen Staat führte, die Abkehr von jeder politischen Verantwortung und eine nationale Haltung, wie sie vom Kaiserreich her in allen Kreisen der Gläubigen üblich war, hatte die Brüder wie die meisten Christen unfähig zur Beurteilung der politischen Situation gemacht.

Das Versagen lag im Nichterkennen der wahren Natur der Person des „Führers", der NS-Ideologie und des NS-Staates als widergöttliche und unmenschliche Mächte. Aus anfänglichem Irrtum wurde Schuld, als bei fortschreitender Entwicklung des Bösen die Unrechtsstruktur des Staates immer deutlicher wurde. So hätten Judenboykott, Rassengesetze, die Reichspogromnacht, die Einrichtung der Konzentrationslager, die grausame Behandlung von politischen Gegnern und derjenigen, die die Juden schützen wollten, und schließlich auch der Versuch, mit den Deutschen Christen die evangelische Kirche gleichzuschalten, die Augen öffnen und mindestens zum inneren Widerstand führen müssen, wenn sich schon angesichts der Brutalität des Regimes ein Reden und Handeln gegen das offensichtliche Unrecht wegen der damit verbundenen Lebensgefahr zu verbieten schien. Andererseits hat es durchaus Männer und Frauen gegeben, die aus ihrer Christusnachfolge heraus mutig gesprochen, gehandelt und auch gelitten haben.

Aber die Gemeinden passten sich mit ihren verantwortlichen Personen, abgesehen von Einzelfällen, insgesamt den staatlichen Forderungen an, wussten sich als Gemeinschaft nicht für das politische Handeln ihrer Glieder verantwortlich und konnten deshalb auch keine Hilfestellung und Weisung geben. Die einzelnen Gläubigen waren allein gelassen und mussten in Entscheidungssituationen selbst urteilen: Bei einem staatlicherseits gewünschten Partei- oder SS-Beitritt, in der Begegnung mit der Gewalt, bei Einschüchterungen oder in Beziehung zu Juden und Judenchristen. Stattdessen gab es Begeisterung für den „Führer", für seine politischen oder militärischen Erfolge, für die nationalsozialistische Ideologie, kritiklose Zustimmung für deren Parolen oder auch nur Schweigen aus Unkenntnis oder Furcht und verweigerte Nächstenliebe gegenüber Verfolgten. So wurden Christen, die Gottes Wort liebten, schuldig.

Die Zeit nach dem Zusammenbruch

Leider hat es nach dem Zusammenbruch 1945 kein öffentliches Bekenntnis zu dem Versagen und der daraus folgenden Schuld unter der NS-Herrschaft gegeben. Zwar haben Einzelne ihre Vergangenheit vor Gott und zum Teil auch in den Gemeinden bereinigt, aber da es meistens nicht öffentlich bekannt wurde, konnte es die nicht überführen, die weder vor sich selbst noch vor Menschen ihr Verhalten zu überprüfen bereit waren. Damit konnte es auch nicht zu einer umfassenden Buße über das allgemeine Versagen unter der Hitlerdiktatur kommen. Stattdessen gab es Rechtfertigungsbemühungen und sogar Empörung über Versuche, Menschen auf ihre Schuld hin anzusprechen. Die Tatsache, dass aufgrund des organisatorischen Zusammenschlusses im BfC das Versammlungsverbot durch die NS-Behörden aufgehoben und Evangelisation ermöglicht wurde, diente nun als Entschuldigung für mangelnde Distanz zum Unrechtssystem.

Wir bekennen

Unsägliches Leid ist durch den Zweiten Weltkrieg und die Judenverfolgung über viele Millionen von Menschen gekommen. Deshalb liegt eine große Schuld auf unserem deutschen Volk. Auch wir Christen aus den Brüdergemeinden haben teil an dieser Schuld, weil wir uns zum großen Teil der antigöttlichen und von Hass erfüllten nationalsozialistischen Ideologie angepasst, diesem Unrechtsstaat gedient haben und auch an Menschen, besonders an unseren jüdischen Mitbürgern, schuldig geworden sind.

Menschen zu richten, die in einer ganz anderen Zeit und unter ganz anderen Umständen schuldig geworden sind, steht uns Heutigen nicht zu. Wir stellen uns aber unter diese Schuld in der Erkenntnis, dass wir in ähnlichen Situationen selber schuldig werden können, und bekennen sie vor Gott und vor Menschen.

Wir bitten Gott, uns um Jesu Christi willen diese Schuld zu vergeben, uns von dieser Last der Vergangenheit zu befreien und unserem deutschen Volk gnädig zu sein.

1.26 Heinz Szobries, Litanei der Betroffenheit, 1996[101]

Ich bin betroffen, dass die Generationen meines Vaters und meines Großvaters so wenig geistlichen Durchblick hatten, das unmenschliche, zerstörerische, gottfeindliche Wesen des Nationalsozialismus und seines sogenannten Führers zu durchschauen.
Ich erschrecke darüber, dass Frömmigkeit blind machen kann.
Darum rufe ich: Herr, erbarme dich!

Ich finde keine Antwort, warum damals Schwestern und Brüder nicht wenigstens dort aufgestanden sind, wo ihre jüdischen Geschwister verhöhnt, diskriminiert, abgeholt, gefoltert und vergast wurden. Es bedrückt mich sehr, dass ihnen sogar wegen der Rassengesetze die Abendmahlsgemeinschaft verweigert wurde.
Ich erschrecke darüber, dass Frömmigkeit blind machen kann.
Darum rufe ich: Herr, erbarme dich!

Ich finde mich nicht damit ab, dass damals in unseren Gottesdienstes ein mörderischer Krieg im Namen Jesu gesegnet und die Kriegsgegner in Ost und West zu geldgierigen Plutokraten gestempelt oder als blutrünstige Unmenschen dargestellt wurden. Ich schäme mich, dass damit auch meine Schwestern und Brüder aus Baptistengemeinden anderer Länder diffamiert und verteufelt wurden.
Ich erschrecke darüber, dass Frömmigkeit blind machen kann.
Darum rufe ich: Herr, erbarme dich!

Ich bin erneut betroffen, wenn ich in meiner Zeit erlebe, wie schnell sich Gläubige von Christus weg zu geistlichen Verführern verlocken lassen – zu den östlichen Meditationskulten ebenso wie zu den Rechtsradikalen der Colonia Dignidad oder den Schwärmern einer verinnerlichten Frömmigkeit. Ich bedaure, dass ich selber nicht eindeutiger Vorbild und Wegweiser eines in Christus gegründeten und in die Gemeinde eingebundenen Lebens gewesen bin.
Ich erschrecke darüber, dass Frömmigkeit blind machen kann.
Darum rufe ich: Herr, erbarme dich!

Mich bedrückt die Tatsache, dass das Bild des Menschen als Ebenbild und Ziel der Liebe Gottes immer mehr verdunkelt wird – durch unmenschliche Techniken, durch unkontrollierbare Eingriffe, durch ungenügenden Schutz des ungeborenen Lebens, durch rassistische Einschränkungen, durch unverantwortliche Zerstörung des Lebensraumes, durch mangelnde Fürsorge an Leidenden und durch den wachsenden Egoismus der vielen.
Ich möchte helfen, dass Menschen nach Jesu Willen „das Leben und volle Genüge haben".
Darum rufe ich: Herr, erbarme dich!

---

[101] Text von Heinz Szobries für einen gemeinsamen Gottesdienst der Evangelisch-Freikirchlichen Gemeinden Hannovers am Buß- und Bettag 1996; Privatarchiv Szobries.

Es verletzt mein Gewissen, wenn heute noch Systeme der Abschreckung mit unvorstellbar mörderischen Waffen als Garanten einer Friedenspolitik ausgegeben und gleichzeitig Millionen Menschen wegen der hohen Rüstungskosten die Lebensgrundlagen entzogen werden. Ich verstehe nicht, warum so viele meiner Schwestern und Brüder mit Frieden nur den Bereich des eigenen Herzens in Verbindung bringen.

Ich möchte helfen, dass Menschen nach Jesu Willen „das Leben und volle Genüge haben".

Darum rufe ich: Herr, erbarme dich!

Ich fürchte mich davor, selbst in den Strudel der Gleichgültigkeit, in die Windanfälligkeit von Irrlehren und in die bequeme Hörigkeit der um Ruhe und Ordnung besorgten falschen Propheten zu geraten. Ich suche danach, der Stimme meines Herrn und seinem Vorbild zu gehorchen gegen das Unrecht, den Unfrieden und das Unheil der Menschen zur Ehre Gottes, meines himmlischen Vaters.

Ich möchte helfen, dass Menschen nach Jesu Willen „das Leben und volle Genüge haben".

Zu ihm rufe ich: Herr, erbarme dich!

1.27 Bundesleitung des BEFG, Zum Verhältnis von Juden und Christen – eine Handreichung für die Gemeinden des BEFG, 1997 (Auszug)[102]

5. Die Lehren aus der Geschichte

5.1 Juden und Christen sind trotz ihres historischen Nacheinanders durch den einen Gott sowie durch seine sich in Christus vollendende geschichtliche Selbstoffenbarung wesenhaft aufeinander bezogen. Dies bezeugen wir auch dadurch, dass wir an der Einheit der beiden Testamente festhalten.

5.2 Mit Trauer und Scham bekennen wir, dass das Verhältnis von Christen und Juden zu einer Geschichte von verfeindeten Schwestern und Brüdern wurde, in der man mehr das Trennende als das Gemeinsame betonte. Die Geschichte des christlich jüdischen Verhältnisses ist überwiegend geprägt von verhängnisvollen Missverständnissen, Irrtümern und Fehleinschätzungen, an deren Zustandekommen Christen maßgeblich und oft auch schuldhaft beteiligt waren.

---

[102] Von der Bundesleitung am 7. Mai 1997 in Hamburg verabschiedet und vom Bundesrat 1997 entgegengenommen und „den Gemeinden als theologische Orientierungshilfe zum Gebrauch empfohlen", in: Bundeskonferenz 1997, Drucksache 015, Oncken-Archiv Elstal, Bestand B 9, sowie Sonderdruck, Oncken-Archiv Elstal, Bestand S Themensammlung Bund.

5.3 Der in Europa wirksam gewordene Antisemitismus, dessen Höhepunkt die fast vollständige Vernichtung des europäischen Judentums durch das NS-Regime darstellte, ist durch führende Theologen der Alten Kirche, des Mittelalters, der Reformation und der Neuzeit vorbereitet und verbreitet worden. Aus Unkenntnis über das Judentum sowie durch sogenannte Enterbungs- und Fluchtheorien wurden antijüdische Vorurteile von christlicher Seite nicht abgewiesen, sondern gefördert.

5.4 Aufgrund dieser historischen Fehlentwicklungen und der in den Absätzen 1-4 dargelegten theologischen Gründe, lehnen wir die von christlicher Seite geäußerten Deutungen des „Fluchjudentums" sowie alle Enterbungs- und Ersetzungstheorien (Substitutionen) als weder schrift- noch sachgemäß entschieden ab.

5.5 Im Blick auf unsere Geschichte als Baptisten- und Brüdergemeinden, die im Bund Evangelisch-Freikirchlicher Gemeinden in Deutschland zusammengeschlossen sind, erklären wir:

5.5.1 Wir bedauern, dass wir die intensive theologische Besinnung des Verhältnisses zwischen Juden und Christen lange Zeit vernachlässigt haben. Zwar gibt es unter uns eine ausgeprägte und aus der Schrift gewonnene endgeschichtliche Erwartung, dass die Wege Israels und der christlichen Gemeinde heilsgeschichtlich wieder zueinander finden werden. Gleichwohl haben wir nicht gebührend beachtet, dass das Judentum auch in seiner gegenwärtigen Gestalt von Gott geliebt und erwählt ist. (Röm. 9, 4-5)

5.5.2 Wir beklagen, dass wir unsere jüdischen Schwestern und Brüder vorwiegend unter einseitig missionarischen Gesichtspunkten betrachtet haben. Wir haben die dem Judentum geltenden Verheißungen und die im neuen Testament bezeugte bleibende Erwählung des jüdischen Volkes nicht hinreichend beachtet und gewürdigt. Dankbar unterstützen wir dagegen alle Bemühungen, die das wesenhaft Gemeinsame darstellen.

5.5.3 Wir bekennen unser schuldhaftes Versagen und beklagen:
- alle öffentliche oder heimliche Abgrenzung und Desolidarisierung vom Judentum in der Zeit der NS-Herrschaft;
- die auch im Raum unserer Gemeinden erfolgten Denunziationen von judenchristlichen Glaubensgeschwistern;
- alle antisemitischen und antijudaistischen Äußerungen und Verhaltensweisen in unseren Reihen;
- die dem Judentum gegenüber vorgebrachte, historisch und ethisch jedoch unhaltbare Anlastung der Schuld am Tod Jesu.

5.5.4 Es darf nicht verschwiegen werden, dass Juden und Judenchristen auch in der Zeit der Verfolgung mutige und entschlossene Hilfe von Schwestern und Brüdern unserer Gemeinden gewährt wurde. Betroffen stellen wir jedoch fest, dass die letzte Phase der Judenverfolgung von offizieller Seite des Bundes Evangelisch-Freikirchlicher Gemeinden in Deutschland mit Schweigen übergangen wurde.

5.6 Dass das Christentum von jüdischer Seite überwiegend als eine antisemitische Religion empfunden wird, bedauern wir zutiefst. Wir setzen dem entgegen, dass die Gemeinde Jesu Christi ihrem Wesen nach nicht antijüdisch sein darf. Eine antisemitische Grundhaltung trägt zugleich auch einen antichristlichen Charakter.

5.7 Wir können die Geschichte des jüdisch-christlichen Missverständnisses nicht ungeschehen machen. Aber wir können uns verpflichten, uns auf dem Boden der Heiligen Schrift um eine Erneuerung des Verhältnisses zu bemühen, das der Einheit des alten und neuen Gottesvolkes gebührend Rechnung trägt.

1.28 Vorstand des Diakoniewerkes TABEA e.V., Zum Verhalten TABEAS während der Zeit des Nationalsozialismus, 1999[103]

Mit Betroffenheit und innerer Bewegung haben wir die historische Aufarbeitung zum Verhalten TABEAS während der Zeit der nationalsozialistischen Diktatur und des Zweiten Weltkriegs zur Kenntnis genommen und machen sie uns zu eigen. Diese Vergegenwärtigung der Geschichte, unserer Geschichte in TABEA, bewahrt uns davor, vorschnell zu einer „Normalität" im Umgang hiermit zu flüchten. Vielmehr stellen wir uns die Frage, „Was geht uns das persönlich an? – Uns als heutige Verantwortungsträger in TABEA?"

Wir sind zu jener Zeit Kinder gewesen bzw. erst nach 1945 geboren. Insoweit trifft uns keine Schuld, die aus einer Kollektivschuld abzuleiten wäre. Zu gut kennen wir uns jedoch, um nicht zu befürchten, dass auch wir möglicherweise „gregorianisch gesungen statt über das Unrecht geschrien" (Dietrich Bonhoeffer). Wir stellen uns aber heute bewusst der Kollektiv-Verantwortung. Wir weichen der Last der Geschichte nicht aus, sondern stellen uns unter sie.

Aus der Geschichte wollen wir lernen:
1. Wir Christen wollen und können uns nicht von den jüdischen Wurzeln lösen, aus denen unser Glaube genährt wird. Der Gott Israels ist der Vater Jesu Christi. Folglich bleiben wir mit Gott an die reale Geschichte Israels gebunden.
2. Wir sind davon überzeugt, dass Erinnerung allein noch nicht zu Versöhnung führt. Daher suchen wir Begegnungen zwischen Menschen.
3. Unser Gedenken soll zum Handeln führen. Wir wollen als Christen nicht nur an die Nachfolge Christi glauben, sondern sie auch praktizieren. Wo müssen wir heute an der Seite der

---

[103] In: Diakoniewerk TABEA e.V. (Hg), 100 Jahre TABEA 1899-1999, Hamburg 1999, S. 92.

Unterdrückten und Benachteiligten stehen? Wo die Stimme der Verstummten sein? Wo können wir heute etwas wiedergutmachen oder vorbeugen im Blick auf Benachteiligte?

Wir wissen uns einig mit unseren Müttern und Vätern in Christus in dem Gebet, das Jesus Christus seine Jünger lehrte zu beten: „Und vergib uns unsere Verschuldungen, wie auch wir sie unseren Schuldnern vergeben haben" (Matthäus 6, 12). Wir vertrauen auf die Zusage Jesu Christi in diesem Zusammenhang, der sagt: „Denn wenn ihr den Menschen ihre Verfehlungen vergebt, so wird euer himmlischer Vater sie auch euch vergeben. Wenn ihr sie aber nicht vergebt, so wird euer Vater euch eure Verfehlungen auch nicht vergeben" (Matthäus 6, 14.15).

Teil 2 Vergleichstexte aus anderen Kirchen und Freikirchen

2.01 Methodistenkirche in Deutschland, Beschluss der Prediger der Mittel- und Nordostdeutschen Jährlichen Konferenz, September 1945[104]

Wir, die Prediger der Mittel- und Nordostdeutschen Jährlichen Konferenz der Methodistenkirche, sind gemeinsam mit B i s c h o f M e l l e zum ersten Mal nach der Kapitulation Deutschlands zusammengekommen, um unsere tiefe Erschütterung über den totalen Zusammenbruch unseres deutschen Volkes und Staates zum Ausdruck zu bringen. Wir sehen darin das ernste Gerichtshandeln Gottes und die Mahnung zur Reue und Hinwendung zu Gott.

Wir hegen die Hoffnung, dass sich die unter der Alliierten Militärregierung unternommenen Bemühungen um eine Wiederherstellung der durch einen schrecklichen Krieg zerstörten Lebensbedingungen für das deutsche Volk und die Nationen Europas als erfolgreich erweisen werden.

Wir begrüßen jede Hand, die gereicht wird, um die Spuren eines korrupten Systems zu beseitigen, brachliegendes Land wieder fruchtbar zu machen und um auf das positive Ziel eines wirklichen Friedens und der Gemeinschaft der Nationen auf demokratischer Grundlage ebenso hinzuwirken, wie auf die Wiederherstellung des politischen, wirtschaftlichen, kulturellen und des kirchlichen Lebens.

Wir sind uns zutiefst unserer Verantwortung vor Gott und der Geschichte bewusst; wir sind davon überzeugt, dass die Kräfte des Evangeliums von Jesus Christus, wie sie in der methodistischen Erweckungsbewegung wirksam waren, für die Wiederherstellung des Lebens der Menschen [bzw. des Volkes – „of the people"] von größtem Wert sind und dass die Wesensmerkmale [Prinzipien] einer Freikirche grundlegende, ja vielleicht entscheidende Bedeutung für das zukünftige kirchliche Leben in unserem Vaterland haben werden. Darum rufen wir alle unsere Kirchenglieder und Freunde dazu auf, sich für das Werk des Wiederaufbaus mit ihren Gebeten und all ihren Kräften zur Verfügung zu stellen. Wir sind davon überzeugt, dass Gottes Segen auf diesem Bemühen ruhen wird.

---

[104] In Aue am 6. 9., in Zwickau am 7. 9., in Berlin am 17. 9. 1945; Rückübersetzung von K.H. Voigt aus dem Englischen; Archiv: General Commission on Archiv and History (GCAH), United Methodist Church (UMC), Madison, N.J./USA; zit. nach: K.H. Voigt, Schuld und Versagen der Freikirchen im „Dritten Reich", S. 79. Der Text ist nahezu vollständig in einer Erklärung des Freikirchentages in der Berliner Friedenskirche am 28. Oktober 1945 aufgenommen worden, siehe Dokument 2.05.

2.02 Konferenz der Katholischen Bischöfe Deutschlands, Hirtenbrief, 23. August 1945[105]

[...] Unser erstes Wort sei ein Wort innigen Dankes an unseren Klerus und unsere Diözesanen für die unerschütterliche Treue, die sie der Kirche in schweren Zeiten gehalten haben.

Wir wissen, dass es für viele von euch nicht gefahrlos war, immer wieder Hirtenworte von uns zu vernehmen, die den Zeitirrtümern und Zeitverbrechen entgegentraten. Mit tiefem Interesse und innerer Anteilnahme sind Millionen und Millionen unseren Ausführungen gefolgt, wenn wir für die Rechte der Persönlichkeit eingetreten sind, wenn wir die Übergriffe des Staates in das kirchliche Leben zurückgewiesen haben, wenn wir von den unerhörten Bedrückungen sprachen, die durch Staat und Partei auf allen Gebieten des geistigen und religiösen Lebens ausgeübt wurden, wenn wir gegen Rassendünkel und Völkerhass unsere Stimme erhoben haben. Wir wissen wohl, dass Angeber allüberall sich fanden, um euch in eurem Fortkommen, in eurem Aufstieg zu hemmen, wenn festgestellt werden konnte, dass ihr solchen Predigten gelauscht hattet.

[...]

Wie erwärmt die Erinnerung daran unser Herz, dass immer und immer wieder Katholiken jeden Standes und Alters sich nicht gescheut haben, Volksgenossen fremden Stammes zu beschützen, zu verteidigen, ihnen christliche Liebe zu erweisen. Gar mancher ist für eine solche Liebestat im Konzentrationslager zugrunde gegangen! Ihm ist sein „übergroßer Lohn" geworden, uns allen aber die tröstende Gewissheit, dass in unserem Volke Christentum geübt wurde trotz aller Bedrückung und Verfolgung.

Gerührt erinnern wir uns all derer, die ihr karges tägliches Brot mit einem unschuldig verfolgten Nichtarier teilten und Tag für Tag gewärtig sein mussten, dass ihnen mit ihrem Schützling ein furchtbares Los bereitet werde.

Katholisches Volk, wir freuen uns, dass du dich in so weitem Ausmaße von dem Götzendienst der brutalen Macht freigehalten hast. Wir freuen uns, dass so viele unseres Glaubens nie und nimmer ihre Knie vor Baal gebeugt haben. Wir freuen uns, dass diese gottlosen und unmenschlichen Lehren auch weit über den Kreis unserer katholischen Glaubensbrüder hinaus abgelehnt wurden.

Und dennoch: Furchtbares ist schon vor dem Kriege in Deutschland und während des Krieges durch Deutsche in den besetzten Ländern geschehen. Wir beklagen es zutiefst: Viele Deutsche, auch aus unseren Reihen, haben sich von den falschen Lehren des Nationalsozi-

---

[105] Beschlossen von der Konferenz der katholischen Bischöfe Deutschlands in Fulda am 23. August 1945; u.a. in: Amtsblatt der Erzdiözese München und Freising, Beilage Nr. 5 (1945).

alismus betören lassen, sind bei den Verbrechen gegen menschliche Freiheit und menschliche Würde gleichgültig geblieben; viele leisteten durch ihre Haltung den Verbrechen Vorschub, viele sind selber Verbrecher geworden.

Schwere Verantwortung trifft jene, die auf Grund ihrer Stellung wissen konnten, was bei uns vorging, die durch ihren Einfluss solche Verbrechen hätten hindern können und es nicht getan haben, ja diese Verbrechen ermöglicht und sich dadurch mit den Verbrechern solidarisch erklärt haben.

Wir wissen aber auch, dass bei solchen, die in abhängiger Stellung waren, insbesondere bei Beamten und Lehrern, die Parteizugehörigkeit oftmals nicht eine innere Zustimmung zu den furchtbaren Taten des Regimes bedeutete. Gar mancher trat ein in Unkenntnis des Treibens und der Ziele der Partei, gar mancher gezwungen, gar mancher auch in der guten Absicht Böses zu verhüten. Es ist eine Forderung der Gerechtigkeit, dass immer und überall die Schuld von Fall zu Fall geprüft wird, damit nicht Unschuldige mit den Schuldigen leiden müssen. Dafür sind wir Bischöfe von Anfang an eingetreten und dafür werden wir uns auch in Zukunft einsetzen.

[...]

Geliebte Diözesanen! Wenn wir nach dem furchtbaren Zusammenbruch jetzt einen neuen Anfang machen, wenn wir das Haus unseres völkischen und staatlichen Lebens neu aufrichten wollen, dann lasst uns dabei die Lehren der jüngsten Vergangenheit beachten! Hatte man nicht das Haus bauen wollen, ohne dass der Herrgott mitbaute? Ist es nicht letztlich darum zum Turm von Babel geworden? Hatte man nicht bauen wollen, ohne den einen Eckstein zu beachten, den Gott selbst gelegt hat, Jesus Christus, durch den allein wirksam und auf die Dauer die Mauern zusammengehalten werden? Das wird das erste beim Wiederaufbau sein müssen, dass Gott wieder im Leben des Einzelnen und der Gemeinschaft jene Stelle zuerkannt wird, die ihm als dem höchsten Herrn gebührt, und die man anderen, zweitrangigen Werten zuerkannt hatte, dem Staat, der Rasse, der Nation.

[...]

In der Tat, nur auf einen lebendigen Gottesglauben lässt sich ein rechtes Volks- und Staatsleben aufrichten. Es ist das einzige tragfähige Fundament. Lasst uns auf diesem Fundamente aufbauen im Geiste der Liebe, jener Liebe, die unser Herr und Heiland uns gelehrt und die er zum Kennzeichen seiner Jüngerschaft gemacht hat: „Daran sollen alle erkennen, dass ihr meine Jünger seid, wenn ihr einander liebt" (Joh. 13, 35).

Es klingt uns noch in den Ohren, wie man diese Liebe geschmäht und als unmännlich in Acht und Bann erklärt hat, um an ihre Stelle Macht und Gewalt zu setzen. Wir tragen heute die entsetzlichen Folgen dieses Appells an die Gewalt. Die Liebe hat sich noch zu allen Zeiten als der festeste Mörtel beim Bau jeglicher menschlicher Gemeinschaft erwiesen. Wir brauchen gerade heute, in dem schier uferlosen Elend, in das wir gestürzt sind, diese opferfrohe und opferstarke Liebe. Ein schwerer Winter liegt vor uns. Er würde nicht leichter werden, wenn wir mutlos die Hände in den Schoß legten oder aus einer Art Verzweiflung uns von radikalen Strömungen fortreißen ließen. Nein, wir wollen in gläubigem Gottvertrauen mutig Hand anlegen, treu und unentwegt arbeiten, in selbstloser Liebe einander helfen, in rechter Verbundenheit zueinander stehen. Helft einander aus mit Wäsche und Kleidung sowie mit dem notwendigen Hausrat! Unterstützt euch gegenseitig beim Wiederaufbau eurer zerstörten Wohnungen! Bietet denen, die heimatlos geworden sind, in herzlicher Liebe ein gastliches Dach und teilt mit ihnen den Tisch!

[…]

Liebe Diözesanen! Eine Zeit reiner Diesseitigkeit ist zusammengebrochen und hat uns ein ungeheures Trümmerfeld hinterlassen. Lasst uns diese Trümmer beseitigen vor allem in Buße und Rückkehr zum Herrn, unserem Gott! Lasst uns ans Werk gehen und neu bauen auf dem festen Fundament des Glaubens an den Dreieinigen Gott, in Unterordnung unter Gottes heiligen Willen! Lasst uns unseren schweren Weg durch Arbeit, Not und Sorge gehen mit dem Blick auf die ewigen Güter, die Gott uns verheißen hat für unseren treuen Dienst hier auf Erden. „Wir haben ja hier keine bleibende Stätte, wir trachten vielmehr nach der zukünftigen" (Hebr. 13, 14).

[…]

Unser Gruß, unsre Mahnung und unsre Bitte richtet sich besonders an euch, ihr lieben Männer, die ihr aus dem Kriege heimkehrt und vor ein Nichts euch gestellt seht. Ihr ward bereit, für euer Volk zu sterben, nun seid bereit, für euer Volk zu leben! In dem Gottvertrauen, das im großen Zusammenbruch nicht mitversunken ist! Im Verein mit eurer Gattin, die euch schon angetraut ist, oder mit dem Mädchen, dem ihr am Altare des Herrn die Hand reichen werdet und deren kostbarste Mitgift Fleiß, Liebe zur Einfachheit und Verbundenheit mit Gott sind, werdet ihr ein christliches Heim bauen. Ihr werdet es euch zur Ehre rechnen, euren weniger glücklichen Kameraden, die als Versehrte zurückgekommen sind, in echter Kameradschaftlichkeit zur Seite zu stehen und ihnen vor allem behilflich zu sein bei der Umschulung zu einem neuen Beruf, damit sie recht bald wieder selbst ihr Brot verdienen können, in allem eingedenk des Apostelwortes: „Der eine trage des anderen Last, so werdet ihr das Gebot Christi erfüllen" (Gal. 6, 2).

In seinem heiligen Namen segnen wir euch, die Jungen und die Alten, und flehen die Fülle göttlichen Trostes und göttlicher Kraft auf euch herab.

Es segne euch der allmächtige Gott, der Vater und der Sohn und der Heilige Geist! Amen.

2.03 Walther Baudert, Rundschreiben an die Gemeinen der Deutschen Brüder-Unität, Herrnhut, 19. September 1945[106]

[...] Wir sind uns wohl alle darin einig, dass das große Unglück, das mit dem Kriegsschluss über unsre Gemeinen gekommen ist, als ein Gericht Gottes angesehen werden muss. Was will der Herr uns mit dieser schweren Heimsuchung sagen? Wir haben in diesen letzten Wochen den Herrn und Ältesten unsrer Gemeine kennengelernt als Den, dessen Augen sind wie eine Feuerflamme und der die kleinasiatischen Gemeinden Sein bedrohliches „Ich habe wider dich" wissen lässt.

[Es folgt eine Auslegung dreier Sendschreiben aus Offb. 2-3.]

Der Herr richtet nicht, um zu vernichten, sondern um zu sichten; nicht um zu töten, sondern um lebendig zu machen; nicht um zu verstoßen, sondern um zu reinigen und zu läutern. Es ist die übereinstimmende Meinung grade derer, die das Gericht über die Gemeine in seiner ganzen Schwere empfinden, dass der Herr uns nicht fallenlassen will. Diese Überzeugung nährt sich aus der Fülle der Gnadenerweisungen inmitten des Gerichts. [...] So geht ein tiefes, dankbares Aufatmen durch unsere Reihen. Wir sehen die Liebe und die Treue unseres Herrn in einem helleren Lichte. Nie empfanden wir das Glück, ihm angehören zu dürfen, stärker als in diesen Wochen. Wir sind freudig bereit, zum Neuaufbau die Hand ans Werk zu legen.

Wie geschieht der innere Aufbau? Das Fundament kann nur die Buße sein. Wir bitten um Erkenntnis unserer Schuld und um eine immer vertieftere Sündenerkenntnis. Es geht uns um eine wahrhafte Umkehr zur Glaubenshaltung der Väter. Wir erbitten uns den Mut zum Armsein und die Bereitschaft zum Kleinerwerden. Und wir wissen, dass es mit der Buße und der Umkehr eilt. Heute gibt Gott Raum zur Buße, heute muss sie geschehen. Heute bietet Er die Möglichkeit zur Umkehr, heute muss sie vollzogen werden. Ohne Buße und Umkehr kein innerer Aufbau. [...]

Lasst uns zuversichtlich an den inneren Aufbau gehen, durch Buße und Umkehr, in gänzlicher Abhängigkeit vom Herrn und durch brüderliche Handreichung! Dann wird der Herr das Gericht, das Er über uns gebracht hat, uns allen zum Segen wenden.

---

[106] Walther Baudert, stellvertretender Vorsitzender der Kirchenleitung, sendet dieses erste Rundschreiben nach Kriegsende „An unsere Prediger mit der Bitte um Bekanntgabe in ihrer Gemeinde [...]"; zitiert wird aus dem ersten Teil „Nach Kriegsschluss", Rundschreiben der D.U.D. Nr. 6/45, Unitätsarchiv Herrnhut, DEBU 48.10; vgl. dazu: Helmut Schiewe, Schulderkenntnis und innere Besinnung in der Herrnhuter Brüdergemeine 1945-1947, in: Freikirchenforschung 15 (2005/06), S. 211ff.

2.04 EKD, Stuttgarter Erklärung, 18./19. Oktober 1945[107]

Der Rat der EKD begrüßt bei seiner Sitzung am 18./19.Oktober 1945 in Stuttgart Vertreter des Ökumenischen Rates der Kirchen:

Wir sind für diesen Besuch umso dankbarer, als wir uns mit unserem Volke nicht nur in einer großen Gemeinschaft der Leiden wissen, sondern auch in einer Solidarität der Schuld. Mit großem Schmerz sagen wir: Durch uns ist unendliches Leid über viele Völker gebracht worden. Was wir mit unseren Gemeinden oft bezeugt haben, das sprechen wir jetzt im Namen der ganzen Kirche aus: Wohl haben wir lange Jahre hindurch im Namen Jesu Christi gegen den Geist gekämpft, der im nationalsozialistischen Gewaltregime seinen furchtbaren Ausdruck gefunden hat; aber wir klagen uns an, dass wir nicht mutiger bekannt, nicht treuer gebetet, nicht fröhlicher geglaubt und nicht brennender geliebt haben.

Nun soll in unseren Kirchen ein neuer Anfang gemacht werden. Gegründet auf die Heilige Schrift, mit ganzem Ernst ausgerichtet auf den alleinigen Herrn der Kirche, gehen sie daran, sich von glaubensfremden Einflüssen zu reinigen und sich selber zu ordnen. Wir hoffen zu dem Gott der Gnade und Barmherzigkeit, dass er unsere Kirchen als sein Werkzeug brauchen und ihnen Vollmacht geben wird, sein Wort zu verkündigen und seinem Willen Gehorsam zu schaffen bei uns selbst und bei unserem ganzen Volk.

Dass wir uns bei diesem Anfang mit den anderen Kirchen der ökumenischen Gemeinschaft herzlich verbunden wissen dürfen, erfüllt uns mit tiefer Freude.

Wir hoffen zu Gott, dass durch den gemeinsamen Dienst der Kirchen dem Geist der Gewalt und der Vergeltung, der heute von neuem mächtig werden will, in aller Welt gesteuert werde und der Geist des Friedens und der Liebe zur Herrschaft komme, in dem allein die gequälte Menschheit Genesung finden kann.

So bitten wir in einer Stunde, in der die ganze Welt einen neuen Anfang braucht: „Veni, creator spiritus!"

Stuttgart, 18./19.Oktober 1945.

gez. D. Wurm	Dr. Lilje	Dr. Heinemann	Martin Niemöller
Asmussen DD.	Hahn	Smend D.Dr.	Lic. Niesel
D. Meiser	Held	Dibelius	

---

[107] Bei der Begrüßung der Vertreter des Ökumenischen Rates der Kirchen durch den Rat der EKD am 18. Oktober 1945 verlesene Erklärung, unterzeichnet von elf Ratsmitgliedern; zit. nach: Verordnungs- und Nachrichtenblatt. Amtliches Organ der Evangelischen Kirche in Deutschland, Nr. 1 Januar 1946; siehe auch: www.ekd.de/glauben/bekenntnisse/stuttgarter_schulderklaerung.html; vgl.: Kurt Anschütz, Befreiung, Besetzung, Versöhnung, Berlin 2001, insbesondere das Kapitel „Die ökumenische Gnadengabe" S. 32ff.

2.05 Vereinigung Evangelischer Freikirchen in Berlin, Die evangelischen Freikirchen in Berlin und der Neuaufbau unseres Volkslebens, 28. Oktober 1945[108]

Die evangelischen Freikirchen in Berlin und der Neubau unseres Volkslebens

Am Freikirchentag, der am 28. Oktober 1945 Vertreter der in der Vereinigung evang. Freikirchen verbundenen Kirchen (Bund ev. freikirchl. Gemeinden, früher Baptisten; Methodistenkirche, Evangelische Gemeinschaft; Bund freier ev. Gemeinden) in der Friedenskirche vereinigte, wurde folgende Entschließung einstimmig angenommen:

Erschüttert von dem totalen Zusammenbruch unseres Volkes und Staates, den sie als ein schweres Gericht aus der Hand Gottes und eine ernste Mahnung zur Besinnung und Buße hinnehmen, drücken die zu einem Freikirchentag versammelten Vertreter der in der Vereinigung ev. Freikirchen verbundenen Kirchen die Hoffnung aus, dass es den unter der alliierten Militärregierung gemachten Anstrengungen gelingen wird, die durch den unglückseligen Krieg zerstörten Lebensbedingungen für das deutsche Volk und die Völker Europas neu aufzubauen.

Sie begrüßen jede Hand, die sich regt, die Spuren einer furchtbaren Vergangenheit zu beseitigen, ein Neues zu pflügen und für das positive Ziel eines wahren Friedens, der Völkergemeinschaft auf demokratischer Grundlage und eines Neubaus des politischen, wirtschaftlichen, kulturellen und auch des kirchlichen Lebens zu arbeiten.

Tief durchdrungen von ihrer Verantwortung vor Gott und der Geschichte und der Überzeugung, dass das Evangelium von unschätzbarem und unersetzlichem Wert für den Neubau des Volkslebens ist, und dass die freikirchlichen Grundsätze für die Zukunft des kirchlichen Werkes in unserem Vaterland wesentlich, ja vielleicht entscheidend sein werden, rufen sie alle ihre Mitglieder und Freunde auf, mit ihren Gebeten sowohl wie mit all ihren Kräften sich für die Neugestaltung einzusetzen, in der festen Zuversicht, dass Gott seinen Segen dazu geben wird.

---

[108] In: Mitteilungen der Evangelisch-Freikirchlichen Gemeinden, Zirkularbrief der Evangelisch-Freikirchlichen Gemeinde zu Berlin, Juli 1946, S. 3; die Friedenskirche in der Ruppiner Str. 28 in Berlin N 31 war der neue Versammlungsort der EFG Wattstraße, vgl. a.a.O. S. 6; die Erklärung ist nahezu identisch mit dem Beschluss der methodistischen Prediger vom September 1945, siehe Dokument 2.01; vgl. K.H. Voigt, Schuld und Versagen der Freikirchen im „Dritten Reich", S. 34, 80.

2.06 Methodistenkirche in Deutschland, Erklärung über die Stellung unserer Kirche zur gegenwärtigen Lage, 5./6. Dezember 1945[109]

Demütig und in tiefer Beugung preisen wir Gott, dass er in seiner unverdienten Gnade durch die vergangenen Jahre hindurch das Zeugnis seiner Gemeinde nicht hat zum Schweigen bringen lassen und uns jetzt wieder eine offene Tür für die Verkündigung der Erlösung durch den gekreuzigten und auferstandenen Heiland geschenkt hat.

Für alle Treue des Festhaltens am Glauben an Christus und der Gemeinschaft der Heiligen, für allen Mut des Bekenntnisses zu Christus und alle Bereitwilligkeit zu leiden, auch in der deutschen Methodistenkirche unter der Gewaltherrschaft des Nationalsozialismus, sagen wir Gott Dank.

Doch sind wir sehr erschüttert und bitter betrübt über die Verbrechen, die im Namen unseres Volkes begangen worden sind, über die Zerstörung materieller und sittlicher Werte und die Leiden, die so vielen Menschen zugefügt wurden. In der von Gott gesetzten Solidarität mit unserem Volke, an dem wir mit der von Gott geschenkten Liebe hängen, wie einst Jeremia und Paulus an dem ihren, beugen wir uns unter die Schuld und tun vor Gott Buße über alle Versäumnisse des anhaltenden Gebets, des unerschrockenen Zeugnisses und der tatkräftigen Liebe. Darum sind wir mit allem Ernst entschlossen, die von Gott über uns verhängten Leiden bereitwillig und geduldig zu tragen und das Evangelium von der Liebe Christi, der zur Vergebung der Sünden aller Menschen starb, als die einzige Hoffnung der Welt auf jede Weise ganz besonders unserer Jugend zu verkündigen, damit Gott unserem Volke, dem Volk der Reformation, eine neue Heimsuchung seiner Gnade gewähre.

Wir sind überzeugt, dass für die Gemeinde Jesu Christi in Deutschland jetzt eine große Gelegenheit gekommen ist. Wir glauben, dass durch die heutige Weltlage der Heilige Geist die Gemeinde Jesu Christi in allen Völkern zur Buße ruft, die Einigkeit im Geiste durch das Band des Friedens festzuhalten und zu bekunden und durch die Liebe Christi, die uns drängt, alle Gewalttat und Grausamkeit, allen Hass und alle Rachsucht zu überwinden und zu versöhnen. Zu diesem Bestreben bitten wir die Brüder und Schwestern in den anderen Kirchen und Völkern, uns durch ihre Fürbitte vor dem Gnadenthron des allmächtigen Weltregenten zu unterstützen.

Vorsitzender: J. W. E. Sommer, Sekretär der Zentralkonferenz
H. Stehl, Stellvertretender Vorsitzender des Kirchenvorstands der Methodistenkirche in Deutschland

---

[109] Von den Mitgliedern der drei westlichen Konferenzen am 5./6. 12. 1945 im Rahmen einer Kirchenvorstandssitzung verabschiedet und Bischof G.B. Oxnam als Vertreter der Gesamtkirche präsentiert; in: K.H. Voigt, Schuld und Versagen der Freikirchen im „Dritten Reich"; Dok. 5.1, S. 86f.

2.07 Sam Baudert, Bischof der Deutschen Brüder-Unität, Briefe an die leitenden Brüder im Ausland, Bad Boll, 31. Dezember 1945 und 2. Mai 1946[110]

Am 31. Dezember 1945:

Auch über Eure Gemeinen und viele Eurer Familien ist durch den Krieg Leid, Trauer und Schmerz gekommen. Dies und vieles andere, was durch unser Volk geschehen ist, hat sich uns oft als eine schwere Last auf die Seele gelegt; wir beugen uns über dem allen vor Gott, der sein Wort vom 1. Jan. 45 wahr gemacht hat: „Siehe, der Herr kommt gewaltig, und sein Arm wird herrschen. Siehe, sein Lohn ist bei ihm, und seine Vergeltung ist vor ihm" (Jes. 40, 10), und bitten Ihn, dass Er uns und unserm Volk unsere Schuld vergeben möchte. Wenn wir bei Euch nicht dem Wunsch nach Vergeltung begegnen – durch die, wenn Menschen sie üben, keine Schuld gutgemacht und keine Versöhnung geschaffen wird – sondern der brüderlichen vergebenden Liebe, so ist das ein großes, gnadenreiches Erleben, für das wir nicht nur Euch, liebe Brüder, sondern dem Vater im Himmel und dem Herrn Jesus Christus danken, aus dessen Herzen solche Liebe fließt.

Am 2. Mai 1946:

Das Gift der nationalsozialistischen Irrlehren ist zwar nicht in unsere Kirche eingedrungen. Einige wenige jüngere Brüder und Schwestern, die nach dieser Seite hinneigten, haben sich in den Jahren nach 1933 von der Gemeine getrennt, weil sie spürten, dass in ihr ein anderer Geist herrschte. Mehrere von ihnen haben inzwischen in zum Teil ergreifenden Briefen ihren Irrweg bekannt und um Wiederaufnahme in die Gemeine gebeten. Aber, wenn wir auch Gott sei Dank mit Recht sagen können, dass sich unsere Kirche von den groben Verirrungen des Nationalsozialismus freigehalten hat und seine Verfälschung wie seine Leugnung des Evangeliums in ihr keinen Platz gehabt hat, so klagen wir uns doch an, „dass wir nicht mutiger bekannt, nicht treuer gebetet, nicht fröhlicher geglaubt und nicht brennender geliebt haben." Dieses Bekenntnis, das Landesbischof Wurm als Leiter der Evang. Kirche in Deutschland am 18. Oktober 1945 in Stuttgart abgelegt hat und das weithin in unserer evangelischen Christenheit ein zustimmendes Echo gefunden hat, ist auch uns und unseren Brüdern und Schwestern aus dem Herzen gesprochen. Wir schämen uns, dass in dieser Zeit, in der der

---

[110] „Br. S. Baudert, Bad Boll, hat als Bischof und 1. Vorsitzender der Deutschen Brüder-Unität im Namen der Gemeine folgende Worte über die Schuldfrage an die leitenden Brüder in England, Amerika und den außerdeutschen Ländern des europ. Kontinents geschrieben", so W. Baudert in einem Rundschreiben an die Prediger und Mitarbeiter der Gemeinen im Mai 1946. Er schließt: „Hinter diesen Worten steht die ganze Deutsche Brüder-Unität, Gemeindiener und Gemeinglieder." Rundschreiben der D.U.D. Nr. 5/46, Herrnhut 27. Mai 1946; Unitätsarchiv Herrnhut, DEBU 48.19; vgl. Dokument 2.03 und Anm. 106.

Antichrist sein Haupt bei uns empor hob, unsere Kirche, wenn sie auch unter Druck und Bedrohung stand, nicht wie zu der Väter Zeiten wieder eine Märtyrerkirche gewesen ist.

Umso dankbarer sind wir, in allen Euren Briefen und Unternehmungen der brüderlichen Liebe aus dem Geist unseres Herrn begegnen zu dürfen, der uns die Verbundenheit in Ihm erhalten hat und sicher neu schenken will. Dass Er es tun möchte, ist Euer und unser Gebet.

2.08 The Free Church Federal Council of England and Wales, Brief, April 1946[111]

Die Evangelischen Freikirchen von England und Wales grüßen ihre Brüder in den Protestantischen Kirchen des europäischen Kontinents. Als Erben der protestantischen Reformation sind wir mit Euch in einem gemeinsamen Erbe verbunden. Mit tiefster Anteilnahme und mit zunehmender Bewunderung haben wir von Eurem Zeugnis während des Krieges gehört. Wir freuen uns mit Euch, dass die Trübsale dieser Zeit Euch neue Kräfte gebracht haben und Gelegenheit zu verstärktem Zeugnis, und Euch befähigten, unter Gottes Führung Führer von hohen geistigen Qualitäten zu finden, um der Stunde der Krisis und der Not zu begegnen. Darüber hinaus haben wir in Eurem Zeugnis die Macht des Geistes, die Macht des Wortes Gottes und den Triumph des Herrn der Kirche gesehen. Uns ist es nicht gegeben worden so zu leiden, trotzdem unsere eigene Geschichte uns erinnert und unsere Väter uns berichtet haben, dass die Kirche allezeit auf Pilgerschaft ist, allezeit „unter dem Kreuz". Wir haben hier nicht die tausend schwierigen Entscheidungen zu treffen gehabt, durch welche Ihr [Euer?] Zeugnis unter großen Kosten aufrecht erhalten wurde.

Wir wissen jetzt, dass Ihr vielen drückenden Problemen gegenübersteht und wir versichern Euch, dass wir die christliche Neuordnung in Europa so ansehen als unser gemeinsames Vorrecht und Verantwortung, so dass jeder nach seiner Fähigkeit materielle und geistige Dinge geben mag. Unsere Welt ist voll von riesigen Problemen, aber durch die schlimmsten Trübsale haben unsere Kirchen Kraft und Inspiration schon gefunden. Wir dürfen die Probleme nicht unterschätzen, aber wir freuen uns mit Euch in dem Wissen, dass „wir in allen

---

[111] Schreiben des Englischen Freikirchenrats an die protestantischen Kirchen des europäischen Kontinents. Es folgt dem Besuch von Vertretern des British Council of Churches, bei dem sie Gespräche mit Landes- und Freikirchen führten. An der Reise der Engländer vom 28. November bis 13. Dezember 1945 nahm auch der Generalsekretär der Baptistischen Union in England Rev. Melbourn E. Aubry teil; das englische Original befindet sich im Nachlass des damaligen Ratsvorsitzenden der EKD Bischof Theophil Wurm, Landeskirchliches Archiv Stuttgart D1/230; in: Bundespost 2/1946 (August 1946), Oncken-Archiv Elstal, Bestand ARC Dg 6; vgl. K.H. Voigt, Schuld und Versagen der Freikirchen im „Dritten Reich", Dok. 6, S. 90f.

diesen Dingen mehr als Überwinder erfunden werden durch den, der uns liebte."[112] Lasst uns einer von Hass und Argwohn geteilten und zerrissenen Welt zeigen, dass die Einheit in Christo, dass die Macht der Vergebung und des Verstehens, dass lebendige und eifrige Zuflucht zu dem Werk der Barmherzigkeit, unter Gott, unsere Kirchen zu Werkzeugen der Heilung der Nationen machen kann. Mit unseren Brüdern in der deutschen Kirche müssen wir auch sagen: „in der Stunde, da die Welt einen neuen Anfang benötigt, rufen wir: ‚Veni Creator Spiritus'".

gez. Frank H. Ballard, Moderator

gez. R. Newton Flew, Ex-Moderator

gez. S.W. Hughes, General Secretaries

gez. Henry T. Wigley, General Secretaries

gez. I. Scott Lidgett, Honorary Secretary[113]

2.09 Vereinigung Evangelischer Freikirchen in Deutschland, Antwortbrief, 29. Juli 1946[114]

Vereinigung evangelischer Freikirchen in Deutschland
Berlin, den 29. Juli 1946

Mit inniger Freude haben die in der Vereinigung Evangelischer Freikirchen in Deutschland verbundenen Freikirchen von den Worten des Grußes, der Gemeinschaft des Geistes, des Glaubens und der Liebe ihrer Brüder in England, wie sie in dem Schreiben, gerichtet an die Brüder in den protestantischen Kirchen in Europa zum Ausdruck kommen, Kenntnis genommen. Wir danken mit Ihnen Gott von Herzen, dass er in der größten Krise der Weltgeschichte und in dem beispiellosen Ansturm der widergöttlichen Mächte seiner Kirche Schutz und Hilfe war, durch seine Gnade Kraft verliehen hat, das Zeugnis von Christo uns nicht rauben zu lassen, die Prinzipien der Reformation sowie des Erbes unserer Väter aufrecht zu erhalten. Zugleich demütigen wir uns unter Gottes gewaltige Hand (1. Petr. 5,6), und im Vertrauen auf sein ewiges Wort glauben wir, dass seine Gerichte immer auch Gnade enthalten, dass denen, die Gott lieben, alle Dinge zum Besten dienen, und dass er durch die Nöte und Leiden seine Gemeinde zubereiten wird für größere Aufgaben in einer neuen Zeit.

Wir gehen in Deutschland durch schwere Prüfungen, die wir zugleich als Feuerproben des Glaubens betrachten. Indem wir bereit sind, mit unserem Volk zu leiden, die ihm auferlegten

---

[112] Röm. 8, 37.

[113] Schlusssatz aus der Stuttgarter Erklärung vom 18./19. Okt. 1945, siehe Dokument 2.04.

[114] Gemeinsamer Antwortbrief des Vorstands der VEF auf den Brief des Englischen Freikirchenrates vom April 1946 (siehe Dokument 2.08); in: Bundespost 2/1946, siehe Anm. 111.

Lasten zu tragen, in priesterlicher Weise mit ihm Buße zu tun für die Sünden der Vergangenheit, seine Nöte im Gebet vor Gottes Gnadenthron zu bringen und uns in allen Dingen zu bewähren und zu beweisen als Jünger dessen, der am Kreuze für die Sünder starb, hoffen wir einen nicht unwesentlichen Beitrag zum Wiederaufbau zu leisten. Wir fühlen die große Verantwortung, die auf den Kirchen Christi in allen Völkern ruht und sehen das alleinige Heilmittel für die Schäden der Zeit in dem Evangelium, das zu verkündigen, zu erfahren und zur Richtschnur des persönlichen wie alles gesellschaftlichen Lebens zu machen, Christus seiner Kirche anvertraut hat. Dabei wissen wir uns eins mit der großen Schar der wahren und ernsten Christen in der ganzen Welt. Mit besonderer Erwartung blicken wir auf die Christen in Großbritannien und Amerika, mit denen uns von je her besondere Bande der Geschichte und Gemeinschaft verbunden haben. Wir bitten auch, für uns zu beten, dass wir Christen in Deutschland — in der furchtbarsten Lage, in die je ein niedergeworfenes Volk geraten ist — durch den Hl. Geist geleitet und gestärkt werden mögen, uns zu verhalten als Jünger Jesu Christi, die in der Gesinnung ihres Meisters denken, reden und handeln; und wir wollen für unsere Brüder in den Siegernationen beten — in ihrer besonderen Verantwortung —, dass sie ausgewählte Werkzeuge des Friedensfürsten sein mögen auf dem Weg zur wahren Völkerversöhnung, zu einem gerechten und dauernden Frieden. Die Zukunft wird nicht den Anhängern einer blinden Gewalt gehören — wie das Schicksal unseres Landes zeigt —, sondern denen, die am meisten vergeben, am meisten anderen dienen, am meisten lieben werden. Wir hoffen zu Gott, dass er uns in Gemeinschaft mit den Christen Großbritanniens und Amerikas zu denen gehören lassen möge, die diese Ideale Jesu Christi verwirklichen und dadurch die schwierige und verantwortliche, zugleich aber auch herrliche und verheißungsvolle, wir möchten sagen, beispiellose Gelegenheit und Aufgabe erfüllen, die ihnen ihr Herr und Meister an einem entscheidenden Wendepunkt der Weltgeschichte gestellt hat!

gez. F. H. Otto Melle, Vorsitzender
gez. Paul Schmidt, 2. Vorsitzender
gez. E. Pieper, Sekretär
gez. Heinrich Wiesemann

2.10 Deutsche Evangelische Allianz, Wort zum 100-jährigen Jubiläum, September 1946[115]

Es sind nun hundert Jahre, dass vom 19. August bis 2. September 1946 in London 920 evangelische Christen aus 50 verschiedenen Kirchengemeinschaften zusammenkamen, aus heißer Liebe zum Herrn Christus und in herzlicher Verbundenheit untereinander das Werk der Evangelischen Allianz zu gründen, dessen deutscher Zweig dann im Jahre 1857 entstand.

[...]

Es gilt aber nicht nur der Propheten Gräber zu schmücken (Matth. 23, 29), sondern dieses gesegnete Werk der Ev. Allianz tatkräftig weiterzuführen. Da beugen wir uns tief vor Gott im Blick auf alle Not, die uns bedrückt, und alle äußere und innere Zerrissenheit, die wir schmerzlich empfinden. Wir bekennen, dass das Zeugnis der Ev. Allianz oft nicht klar und geistesmächtig genug gewesen ist. Wir sind den Mächten des Unglaubens in unserem Volke nicht stark und tapfer genug entgegengetreten und haben auch die Bedürfnisse unserer Zeit zu wenig in treuer Fürbitte und heißer Inbrunst vor Gott gebracht. Wir hätten mehr Leucht- und Salzkraft des Evangeliums beweisen müssen. Auch darüber beugen wir uns, dass wir in den hinter uns liegenden Jahren nicht immer sofort den Irrtum jener Zeit klar erkannt und ihm ein kraftvolles, mutiges Bekenntnis zu Jesus Christus und seinem Evangelium entgegengesetzt haben. Wir sind uns bewusst, dass die Kirche Christi sich hier zu demütigen hat und sich viel entschlossener, geschlossener und verantwortungsbewusster einsetzen muss für die ernsten und großen Aufgaben der Gegenwart.

[...] Das Evangelium von dem gekreuzigten, auferstandenen und wiederkommenden Herrn muss noch mehr als bisher der alleinige Mittelpunkt unseres Christenlebens und unseres Dienstes für Christum sein.

Auf diesem Boden wollen wir uns noch fester die Bruderhand reichen und der Welt und unserem Volk ein lebendiges Zeugnis biblischer Allianz geben zur Förderung des gegenseitigen Verstehens und des Näherkommens aller Kinder Gottes, zur Stärkung im heißen Kampf, den wir zu führen haben gegen alle antichristlichen Mächte, und zu froher Siegesgewissheit: „Sein ist das Reich und die Kraft und die Herrlichkeit in Ewigkeit."

---

[115] In Berlin fand im September 1946 eine Gedenkveranstaltung zur Gründung der Evangelischen Allianz in London 1846 statt. Auf einem Faltblatt befindet sich im Rahmen einer Kurzfassung der Geschichte der Evangelischen Allianz dieser Text. Der Verfasser ist unbekannt; das Dokument ist unterzeichnet: „Der Deutsche Zweig der Evangelischen Allianz." Der vollständige Text des Faltblattes ist abgedruckt in: Bundespost 3 (Dezember 1946), Oncken-Archiv Elstal, Bestand ARC Dg 6; vgl. E. Beyreuther, Der Weg der Evangelischen Allianz in Deutschland, Wuppertal 1969, S. 160 (Anm. 168).

2.11 Rat der Vereinigung Evangelischer Freikirchen, Entschließung, 10./11. Dezember 1946[116]

Die Vereinigung Evangelischer Freikirchen in Deutschland hielt am 10. und 11. Dezember 1946 ihre erste Tagung nach dem Zusammenbruch in Bad Homburg vor der Höhe. Die versammelten Vertreter sprachen sich offen aus über den bisherigen Weg. Sie berichteten, dass in den einzelnen Freikirchen ernste Worte des aufrichtigen Schmerzes der Beugung und der Buße vor Gott und Menschen über das geschehene Unrecht und die Gewalttat der Vergangenheit gesprochen worden sind. Von Herzen danken sie einmütig Gott für die Überwinderkraft, die er unseren Gemeinden in den hinter uns liegenden schweren Jahren geschenkt hat. In der großen Not der Gegenwart gibt uns das Pauluswort Zuversicht: Als die Armen, die doch viele reich machen. (2. Korinther 6, 10b) Wir glauben, dass den Gemeinden Jesu Christi in der Gegenwart große Aufgaben gestellt sind. Mit Mut und Tatkraft werden sie an die Arbeit gehn. Mit gläubigem Vertrauen blicken sie auf zu dem Herrn, dem alle Gewalt gegeben ist im Himmel und auf Erden. Sein ist das Reich und die Kraft und die Herrlichkeit in Ewigkeit.

2.12 Bruderrat der EKD, Darmstädter Wort, 8. August 1947[117]

Wort des Bruderrates der Evangelischen Kirche in Deutschland zum politischen Weg unseres Volkes

1. Uns ist das Wort der Versöhnung der Welt mit Gott in Christus gesagt. Dies Wort sollen wir hören, annehmen, tun und ausrichten. Dies Wort wird nicht gehört, nicht angenommen, nicht getan und nicht ausgerichtet, wenn wir uns nicht freisprechen lassen von unserer gesamten Schuld, von der Schuld der Väter wie von unserer eigenen, und wenn wir uns nicht

---

[116] Der Rat der VEF nahm auf seiner ersten Nachkriegstagung diese Entschließung einstimmig an. Paul Schmidt kommentiert: „Erquickend an der Tagung war der brüderliche Geist, die große Einmütigkeit und die herzliche Liebe, mit der alle aufkommenden Fragen behandelt und erledigt wurden. Die Evangelischen Freikirchen haben in der gegenwärtigen Stunde unseres Volkes die große Botschaft von der Erlösung der einzelnen Menschen durch Jesus Christus und von der Bedeutung der neutestamentlichen Gemeinde in der Geschichte der Völker kraftvoll und im Glauben auszurichten." In: Der Freikirchenrat hat getagt, Bundespost 1 (April 1947), Oncken-Archiv Elstal, Bestand ARC Dg 6; vgl. K.H. Voigt, Schuld und Versagen der Freikirchen im „Dritten Reich", S. 49.

[117] Von Hans Joachim Iwand und Karl Barth verfasst, von Martin Niemöller und Hermann Diem überarbeitet, wurde es als Wort des Bruderrates der EKD – dem nach dem Krieg fortbestehenden Leitungsorgan der Bekennenden Kirche – veröffentlicht; Text nach: Kirchliches Jahrbuch für die Evangelische Kirche in Deutschland 1945-1948, Gütersloh 1950, S. 220ff.

durch Jesus Christus, den guten Hirten, heimrufen lassen auch von allen falschen und bösen Wegen, auf welchen wir als Deutsche in unserem politischen Wollen und Handeln in die Irre gegangen sind.

2. Wir sind in die Irre gegangen, als wir begannen, den Traum einer besonderen deutschen Sendung zu träumen, als ob am deutschen Wesen die Welt genesen könne. Dadurch haben wir dem schrankenlosen Gebrauch der politischen Macht den Weg bereitet und unsere Nation auf den Thron Gottes gesetzt. – Es war verhängnisvoll, dass wir begannen, unseren Staat nach innen allein auf eine starke Regierung, nach außen allein auf militärische Machtentfaltung zu begründen. Damit haben wir unsere Berufung verleugnet, mit den uns Deutschen verliehenen Gaben mitzuarbeiten im Dienst an den gemeinsamen Aufgaben der Völker.

3. Wir sind in die Irre gegangen, als wir begannen, eine „christliche Front" aufzurichten gegenüber notwendig gewordenen Neuordnungen im gesellschaftlichen Leben der Menschen. Das Bündnis der Kirche mit den das Alte und Herkömmliche konservierenden Mächten hat sich schwer an uns gerächt. Wir haben die christliche Freiheit verraten, die uns erlaubt und gebietet, Lebensformen abzuändern, wo das Zusammenleben der Menschen solche Wandlung erfordert. Wir haben das Recht zur Revolution verneint, aber die Entwicklung zur absoluten Diktatur geduldet und gutgeheißen.

4. Wir sind in die Irre gegangen, als wir meinten, eine Front der Guten gegen die Bösen, des Lichtes gegen die Finsternis, der Gerechten gegen die Ungerechten im politischen Leben und mit politischen Mitteln bilden zu müssen. Damit haben wir das freie Angebot der Gnade Gottes an alle durch eine politische, soziale und weltanschauliche Frontenbildung verfälscht und die Welt ihrer Selbstrechtfertigung überlassen.

5. Wir sind in die Irre gegangen, als wir übersahen, dass der ökonomische Materialismus der marxistischen Lehre die Kirche an den Auftrag und die Verheißung der Gemeinde für das Leben und Zusammenleben der Menschen im Diesseits hätte gemahnen müssen. Wir haben es unterlassen, die Sache der Armen und Entrechteten gemäß dem Evangelium von Gottes kommendem Reich zur Sache der Christenheit zu machen.

6. Indem wir das erkennen und bekennen, wissen wir uns als Gemeinde Jesu Christi freigesprochen zu einem neuen, besseren Dienst zur Ehre Gottes und zum ewigen und zeitlichen Heil der Menschen. Nicht die Parole: Christentum und abendländische Kultur, sondern Umkehr zu Gott und Hinkehr zum Nächsten in der Kraft des Todes und der Auferstehung Jesu Christi ist das, was unserem Volk und inmitten unseres Volkes vor allem uns Christen selbst nottut.

7. Wir haben es bezeugt und bezeugen heute aufs neue: „Durch Jesus Christus widerfährt uns frohe Befreiung aus den gottlosen Bindungen dieser Welt zu freiem, dankbarem Dienst an seinen Geschöpfen." Darum bitten wir inständig: Lasst die Verzweiflung nicht über Euch

Herr werden, denn Christus ist der Herr. Gebt aller glaubenslosen Gleichgültigkeit den Abschied, lasst euch nicht verführen durch Träume von einer besseren Vergangenheit oder durch Spekulationen um einen kommenden Krieg, sondern werdet euch in dieser Freiheit und in großer Nüchternheit der Verantwortung bewusst, die alle und jeder Einzelne von uns für den Aufbau eines besseren deutschen Staatswesens tragen, das dem Recht, der Wohlfahrt und dem inneren Frieden und der Versöhnung der Völker dient.

Darmstadt, den 8. August 1947
Der Bruderrat der Evangelischen Kirche in Deutschland

2.13 Bischof I.W. Ernst Sommer, Bericht an die Konferenz der methodistischen Bischöfe der Welt in Boston/USA, 23. April 1948[118]

[...] Die letzten fünfzehn Jahre waren die schwersten in der Geschichte des Methodismus in Deutschland. Ich kann jedoch aus Überzeugung sagen: „Wir haben Glauben gehalten." Während aller Hass-Propaganda und der diktatorischen Unterwerfung des persönlichen Gewissens predigten wir das unverkürzte Evangelium von der Liebe Christi zu allen Menschen sowie die ewige Wahrheit von Gottes unabänderlichen Geboten und dem unendlichen Wert jedes menschlichen Wesens. Ich selbst habe in einer Predigt in unserer zweiten Gemeinde in Frankfurt am Main gesagt: „Wenn mir jemand verbietet, einen Juden als Bruder zu behandeln, der Christus angenommen hat, kann ich ihm nicht mehr gehorchen." Während der gesamten Zeit hat keine Vierteljährliche Konferenz einen methodistischen Pastor beschuldigt, dass er die Nazi-Ideologie predigt, und meines Wissens brauchte kein methodistischer Pastor vor ein Entnazifizierungs-Tribunal zu gehen unter der Anklage, der Nazipartei geholfen zu haben. Das ist mehr, als die BK[119] sagen kann. Wir waren eine in sich geschlossene methodistische Kirche. Wir hatten keine sogenannte „DC"-Bewegung[120], Leute also, die den Hitlerismus mit einer Art von Christentum zu kombinieren suchten und die den Konflikt zwischen Staatskirche und dem Staat herbeigeführt haben. Wir waren auch nicht finanziell vom Staate abhängig, sondern haben uns selbst erhalten.

Es ist richtig, dass wir von unseren Kanzeln her keine Angriffe gegen die Regierung unternahmen, wie das mein Freund Niemöller tat, den ich als einen mutigen und redlichen Mann und als einen aufrichtigen Bruder in Christus respektiere und liebe. Doch hatte auch die

---

[118] Archiv der EmK in Reutlingen; aus dem Englischen übertragen; Auszug aus einem sehr ausführlichen Bericht; zit. nach: K. Zehrer, Evangelische Freikirchen und das „Dritte Reich", Göttingen 1986, S. 174f.

[119] Bekennende Kirche.

[120] Deutsche Christen.

Staatskirche nur wenige Niemöllers. Schon die Andeutung wäre unfair, dass unser Nichtprotestieren seine Ursache im fehlenden Mut hatte. Wir haben vielmehr bewiesen, dass wir dort das Risiko nicht gescheut haben, wo wir uns dazu moralisch verpflichtet fühlten.

Bischof Melle war ein sehr mutiger Mann. [...] Wir fanden, dass wir in der gleichen Situation waren wie Daniel in Babylon oder wie Jesus Christus und Paulus, als er unter der Knute der römischen Kaiser Römer 13 schrieb. Gab es wirklich einen so großen Unterschied zwischen Nero und Hitler?

Wir stimmen alle darin überein: das Protestieren entspricht nicht unserer Tradition. Wir sahen keinen Nutzen darin. Es hätte vermutlich die Zerstörung der methodistischen Kirche in Deutschland zur Folge gehabt. Um die Verkündigung weiterführen zu können, um unsere Kirche am Leben zu erhalten, protestierten wir nicht. Wer immer uns deswegen beschuldigen will, muss auch die Männer des Widerstandes beschuldigen, die ebenfalls nicht an die Öffentlichkeit gekommen sind, um nicht erschossen zu werden. Wir sind keine Kompromisse eingegangen und haben keine christlichen Prinzipien verraten. Es war unser Wunsch, dass wir wegen eines klaren christlichen Bekenntnisses und nicht wegen einer halbpolitischen Haltung belangt würden, falls es dazu kommen sollte, wie Paulus nach Phil. 1, 13.

Ich half einer Anzahl Juden, Deutschland zu verlassen. Die meisten unserer Pastoren taten ähnliches. Es war riskant, aber wir haben erlebt, dass manches Gute dabei herauskam. [...]

Mit all dem möchte ich natürlich nicht sagen, dass wir in diesem verwirrenden Zeitabschnitt keine Fehler begangen hätten. Es war ein sehr aufrichtiger Ausdruck unserer Gefühle, als wir bei einer Zusammenkunft am 6. Dezember 1945 damit anfingen, die Situation für uns selbst zu klären, und einmütig bekannten: Wir sind tief betrübt und trauern schmerzlich über die Verbrechen, die im Namen unserer Nation verübt wurden [...][121]

2.14 Vereinigung Evangelischer Freikirchen, Erklärung, 30. September 1949[122]

Bad Homburg, 30. September 1949

Erklärung

Den Evangelischen Freikirchen in Deutschland hat man öfter vorgeworfen, dass sie in der Zeit des Dritten Reiches sich dem Nationalsozialismus gebeugt hätten, während die Katholi-

---

[121] Siehe Dokument 2.06.

[122] Anlässlich einer Sitzung der Unterzeichner in Bad Homburg verfasst; aus dem Nachlass von H. Wiesemann, zit. nach: K.H. Voigt, Schuld und Versagen der Freikirchen im „Dritten Reich", Dok. 9, S. 95ff.

sche und die Evangelische Kirche sich bis zum Martyrium ihm entgegen gestellt hätten. Diese Beschuldigung der Freikirchen entspricht keinesfalls den Tatsachen. Wir stellen demgegenüber fest:

Die Evangelischen Freikirchen haben keinerlei innere Verbundenheit mit dem Nationalsozialismus gehabt. Sie haben von jeher ausschließlich ihre ganze Kraft eingesetzt für die Verkündigung des Evangeliums mit allen sich daraus ergebenden praktischen Verpflichtungen, den Aufbau ihrer Gemeinden und die Pflege der christlichen Gemeinschaft. Zu keiner Zeit waren sie finanziell abhängig vom Staat, und infolge ihrer kleinen Zahl wurden sie vom nationalsozialistischen Staat wenig beachtet. Auch in dieser Zeit sind sie den Prinzipien ihrer hundertjährigen Geschichte unentwegt treu geblieben. Eine Bewegung wie die der Deutschen Christen in den Evangelischen Landeskirchen, die versuchte, den Nationalsozialismus in die Kirchen zu tragen, war in den Freikirchen unmöglich.

Höchstens 1-2 % der freikirchlichen Prediger und Gemeindeglieder waren nominell Mitglieder der Partei. Kein freikirchlicher Prediger ist aufgrund des Entnazifizierungsgesetzes für schuldig befunden worden.

Die Evangelischen Freikirchen in Deutschland standen durch ihre Wirksamkeit im vollen Gegensatz zum Nationalsozialismus und wurden von den antichristlichen Maßnahmen der Partei auch hart betroffen. Die Gestapo überwachte ihre Tätigkeit und versuchte die Prediger einzuschüchtern durch Verwarnungen und Drohungen. In der Jugendarbeit haben sie die gleichen Einschränkungen erlebt wie die Landeskirchen. Ihre Zeitschriften sind noch weitgehender verboten worden als die der großen Kirchen. Viele ihrer gottesdienstlichen Räume sind trotz ihres Protestes beschlagnahmt worden, um ihre Arbeit zu unterbinden.

Nachdrücklich stellen wir fest, dass Glieder der Evangelischen Freikirchen trotzdem in Treue zu Christus Bekennermut und Leidenswilligkeit bewiesen haben bis zum Tode. Eine Anzahl Prediger und Gemeindeglieder sind um ihrer Gegnerschaft gegen den Nationalsozialismus und ihres christlichen Bekenntnisses willen von der Gestapo verhaftet, in Gefängnisse und Konzentrationslager geführt worden, wo einige von ihnen gestorben sind. Gott kennt sie, auch wenn ihre Namen in der Öffentlichkeit nicht bekannt geworden sind.

Zusammenfassend dürfen wir sagen, dass die Evangelischen Freikirchen in Deutschland zu keiner Zeit irgend etwas vom Evangelium preisgegeben haben; sie haben dem Rassenhass keinerlei Raum gegeben und sind entschlossen dem antichristlichen Geist des Nationalsozialismus auf dem Boden des Evangeliums entgegengetreten.

Für: Bund Evangelisch-Freikirchlicher Gemeinden (Baptisten) in Deutschland
gez. Paul Schmidt, Prediger und Bundesdirektor
Für: Methodistenkirche in Deutschland
gez. Bischof Dr. J.W. Ernst Sommer

Für: Evangelische Gemeinschaft Deutschland
gez. Kirchenpräsident E. Pieper
Für: Bund Freier evangelischer Gemeinden in Deutschland
gez. Prediger und theol. Lehrer H. Wiesemann

2.15 EKD-Synode Berlin-Weißensee, Wort zur Judenfrage, 23./27. April 1950[123]

Gott hat alle beschlossen unter den Unglauben, auf dass er sich aller erbarme. Röm. 11, 32

Wir glauben an den Herrn und Heiland, der als Mensch aus dem Volk Israel stammt.

Wir bekennen uns zu der Kirche, die aus Judenchristen und Heidenchristen zu einem Leib zusammengefügt ist und deren Friede Jesus Christus ist.

Wir glauben, dass Gottes Verheißung über dem von ihm erwählten Volk Israel auch nach der Kreuzigung Jesu Christi in Kraft geblieben ist.

Wir sprechen es aus, dass wir durch Unterlassen und Schweigen vor dem Gott der Barmherzigkeit mitschuldig geworden sind an dem Frevel, der durch Menschen unseres Volkes an den Juden begangen worden ist.

Wir warnen alle Christen, das, was über uns Deutsche als Gericht Gottes gekommen ist, aufrechnen zu wollen gegen das, was wir an den Juden getan haben; denn im Gericht sucht Gottes Gnade den Bußfertigen.

Wir bitten alle Christen, sich von jedem Antisemitismus loszusagen und ihm, wo er sich neu regt, mit Ernst zu widerstehen und den Juden und Judenchristen in brüderlichem Geist zu begegnen.

Wir bitten die christlichen Gemeinden, jüdische Friedhöfe innerhalb ihres Bereiches, sofern sie unbetreut sind, in ihren Schutz zu nehmen.

Wir bitten den Gott der Barmherzigkeit, dass er den Tag der Vollendung heraufführe, an dem wir mit dem geretteten Israel den Sieg Jesu Christi rühmen werden.

---

[123] Nach öffentlichen antisemitischen Vorfällen im Vorfeld der Synode spontan von Heinrich Vogel entworfen und mit wenigen Änderungen angenommen; in: Kirchliches Jahrbuch für die Evangelische Kirche in Deutschland 1950, Gütersloh 1951, S. 5f.

2.16 Freikirchenrat der VEF in der DDR, Stellungnahme zur Situation in der DDR, 18. Oktober 1989[124]

Der Freikirchenrat der Vereinigung Evangelischer Freikirchen hat bei seiner turnusgemäßen Sitzung am 18.10.1989 in Berlin zur Situation in der DDR Stellung genommen:

Mit Betroffenheit und Schmerz erfahren wir in diesen Tagen von der anhaltend großen Zahl vor allem junger Menschen, die unser Land verlassen. Auch in unseren Gemeinden und diakonischen Einrichtungen wurden schmerzliche Lücken gerissen.

Zugleich sind wir erschrocken und empört über den Einsatz von Gewalt gegen Menschen, die in diesem Land bleiben wollen, sich aber in friedlichen Demonstrationen für Veränderungen eingesetzt haben.

Die Notwendigkeit grundsätzlicher gesellschaftlicher Veränderungen ergibt sich aus einer tiefen moralischen Not. Der täglich erlebte Widerspruch zwischen der in den offiziellen Medien dargestellten und der tatsächlichen Wirklichkeit wird nicht länger hingenommen. Immer mehr Bürger artikulieren ihre Einwände und Vorschläge und fordern selbstbewusst ihre Rechte ein.

Wir erkennen Anzeichen für die Bereitschaft zum gesellschaftlichen Gespräch über die Zukunft unseres Landes, zugleich nehmen wir aber auch große Unsicherheit und besorgte Fragen darüber wahr, wie weitreichend, grundsätzlich und wirksam diese Gespräche sein werden.

Als Freikirchen sind wir seit jeher nicht nur für religiöse, sondern auch für persönliche Freiheit eingetreten. Sie schließt aktive Mitgestaltung der Gesellschaft ein. Dieses Erbe stellt uns unter eine hohe Verpflichtung. Wir bekennen, dass wir aus pragmatischen Erwägungen und in weltabgewandter Frömmigkeit der Versuchung zur Anpassung oft erlegen sind.

Der Grundsatz der Trennung von Staat und Kirche, der gegenseitige Bevormundung ausschließt, enthebt uns nicht der Verpflichtung, „der Stadt Bestes zu suchen". Darum und weil wir Bürger dieses Landes sind, erkennen wir unseren Auftrag, zu grundsätzlichem und offenem Gespräch bereit zu sein und auch andere dazu zu ermutigen. Nur in einem freien ungehinderten Gesprächsprozess in voller Wahrhaftigkeit, der Raum gibt für alle Fragen und unterschiedliche Meinungen, können gute Antworten gefunden werden. Dabei muss auch die Bildung von Vereinigungen und Initiativen, in denen der Meinungsstreit geführt und notwendiger Kompromiss gesucht werden können, möglich sein. Nur in demokratischen Entschei-

[124] Diese Stellungnahme wurde sowohl an die Gemeinden als auch an die Dienststelle des Staatssekretärs für Kirchenfragen und an die öffentlichen Medien der DDR versandt; in: Brief des BEFG in der DDR an die Evangelisch-Freikirchlichen Gemeinden, Bundeswerke und Mitarbeiter im Oktober 1989, in: Nachrichtendienst, Oncken-Archiv Elstal, Bestand A Kart. 84.

dungsprozessen, in denen jeder Einzelne in seiner Persönlichkeit ernst genommen und gefordert wird, können gute Lösungen gefunden werden. In alledem sehen wir die Voraussetzung dafür, dass Menschen gern in unserem Land bleiben und hier ihren Platz einnehmen.

Wir wissen uns einig mit vielen Menschen unseres Landes wie auch mit den Stellungnahmen anderer kirchlicher Gremien, wenn wir die Notwendigkeit von Veränderungen unterstreichen, vor allem auf den Gebieten

der Informations- und Medienpolitik,

der Wahlen,

des Rechtswesens,

des Bildungswesens,

der Reisemöglichkeiten,

des Wehrdienstes unter Schaffung der Möglichkeit eines zivilen Dienstes,

des verantwortlichen Umgangs mit den Gütern der Schöpfung.

Christen verschiedener Herkunft haben in der ÖV[125] über diese Fragen nachgedacht. Wir haben als Freikirchen an diesem Prozess Anteil und bringen seine Ergebnisse in das Gespräch über die notwendigen Veränderungen ein.

Unsere Teilnahme an der gesellschaftlichen Verantwortung steht nicht im Gegensatz zu unserem Zeugendienst und Verkündigungsauftrag. Wir wissen um die Vorläufigkeit alles Irdischen. Wir wissen, dass das Reich Gottes nicht von dieser Welt ist. Aber gerade das Wissen um das endgültige Heil, das Gott schaffen wird, gibt uns Mut und Hoffnung für die Welt und stellt uns zugleich in die Verantwortung.

2.17 Mühlheimer Verband Freikirchlich-Evangelischer Gemeinden, Erklärung zur Stellung des MV während der Zeit des Nationalsozialismus, April 1991[126]

Erklärung des Hauptbrüdertages des Mülheimer-Verbandes von 1991 zur Stellung des MV während der Zeit des Nationalsozialismus

- Durch das deutsche Volk wurden in der Zeit des Nationalsozialismus (1933 - 1945) unvorstellbare Verbrechen am jüdischen Volk und an den umliegenden Völkern verübt.

---

[125] Ökumenische Versammlung Dresden-Magdeburg-Dresden 1988/89.

[126] Der Text wurde vom Hauptbrüdertag, dem höchsten geistlichen Leitungsgremium des Christlichen Gemeinschaftsverbandes Mülheim a.d. Ruhr GmbH, im April 1991 verabschiedet. 1998 wurde diese Gemeinschaft umbenannt in Mülheimer Verband Freikirchlich-Evangelischer Gemeinden (MV). Text aus dem Bestand von Ekkehart Vetter, Präses des MV mit Vermerk: „HBT 4/91"; Überschrift nach der sonst identischen Fassung auf der Internetseite www.muelheimer-verband.de/downloads.

- Wir beklagen als Angehörige des deutschen Volkes, dass diese Verbrechen von unserem Staate ausgingen und nicht verhindert wurden.

- Wir beklagen die Blindheit geistlicher Führer innerhalb unserer Bewegung gegenüber den verübten Gräuel jener Zeit.

- Wir beklagen, dass in den offiziellen Veröffentlichungen unserer Organe der NS-Jahre kaum klare Aussagen über den wahren Geist des NS-Regimes, noch Warnungen oder gar Proteste zu lesen waren.

- Wir tun Buße über der Tatsache, dass wegen unzureichender Belehrung der Gemeinden die Grenze zwischen schuldigem Gehorsam gegenüber der Obrigkeit und der gebotenen Pflicht zum Widerstand, nicht erkannt noch praktiziert wurde.

- Wir tun Buße über alles Verschulden und alle Versäumnisse in Wort, Schrift und Tat, seien sie bewusst oder unbewusst geschehen.

- Wir tun Buße und beugen uns vor Gott, dem Vater, der um seines lieben Sohnes und um seiner großen Barmherzigkeit willen uns Vergebung und Tilgung unserer Schuld zusagt, um die wir herzlich bitten.

- Denken wollen wir an jene, die unter Gefahr für Leib und Leben und aus Liebe zum auserwählten Volk Gottes, Juden geschützt, dem Zugriff staatlicher Organe entzogen und halfen, dass sie in sichere Länder gelangen konnten.

- Wir bitten Gott um die Gnade, dass wir heute und in Zukunft aus den Fehlern der Vergangenheit lernen und sie nicht wiederholen.

- Wir bitten Gott um Einsicht und Weisheit, den Geist des Antichristen zu erkennen und ihm Widerstand zu leisten, indem wir unser Leben am Worte Gottes ausrichten und uns unter die Leitung des Heiligen Geistes stellen.

- Wir bitten alle Menschen und Volksgruppen um Vergebung, die in Wort, Schrift oder Tat durch Mitglieder oder Organe des Christlichen Gemeinschaftsverbandes psychisch oder physisch zu Schaden gekommen sind; und wir bitten Gott um Kraft, mutige und treue Zeugen Jesu Christi in allen Lagen und unter allen Umständen sein zu können, zum Segen unseres Volkes und aller Menschen.

2.18 Peter Strauch, Präses des Bundes Freier evangelischer Gemeinden, 50 Jahre danach, 7. Mai 1995[127]

50 Jahre danach ... und kein bisschen weise?
Im Auftrag der Bundesleitung

[...]

Zum fünfzigsten Mal jährt sich am 8. Mai das Ende des schrecklichen Krieges. Er brachte furchtbares Leid über viele Menschen, auch über Deutsche. Damit zerbrach das sogenannte Tausendjährige Reich endgültig, wobei der Geist dieses Reiches erschreckenderweise immer wieder aufflackert. Ich weiß, einer, der 1943 geboren ist, sollte sich nicht anmaßen, ein Urteil über Christen zur Zeit des Dritten Reiches zu fällen. Hätte ich, hätte meine Generation damals anders gehandelt als unsere Väter und Mütter? Ich bin ganz und gar nicht sicher. Und doch muss gesagt werden:

Wir als Freie evangelische Gemeinden haben während des Hitler-Regimes versagt. Politische Abstinenz, ein falsches Obrigkeitsverständnis und sicher auch Angst haben uns schweigen lassen. Mit dem gettohaften Leben als Gemeindebund wollten wir einen Freiraum für gemeindliches Leben bewahren, aber dieser Freiraum kann das Unrecht nicht aufwiegen, an dem wir durch unser Stillschweigen mitgewirkt haben. Wie viele Juden und andere Menschen wurden bestialisch ermordet?! Das von uns ausgegangene Leid sprengt jedes Vorstellungsvermögen. „Wir haben gesündigt", predigt Daniel angesichts der Schuld seines Volkes (Daniel 9, 15). Aber zu der Schuld, die wir als Deutsche auf uns geladen haben, kommt die Schuld als Männer und Frauen, deren Leben Christus gehört. Salz und Licht der Welt werden solche Leute im Neuen Testament genannt (Matthäus 5, 13.14). Als solche hätten wir gegen das Unrecht aufstehen müssen. Wir haben es nicht getan. Wir haben gesündigt und sind schuldig. Ohne dieses Eingeständnis, ohne dieses Bekenntnis gibt es keine Vergebung.

---

[127] Peter Strauch im Auftrag der Bundesleitung in: Christsein Heute (1995), Nr. 10 (7. Mai 1995), S. 8f. Die offizielle Schulderklärung steht wie im Original in Fettdruck; vgl. dazu: Heinz-Adolf Ritter, Die Schuldfrage nach dem Zweiten Weltkrieg im Bund Freier evangelischer Gemeinden, in: Freikirchenforschung 15 (2005/06), S. 258ff. Erst auf dem BFeG-Bundestag am 20.09.2014 in Dietzhölztal-Ewersbach machte sich die Bundesleitung diese Schulderklärung zu eigen, Präses Ansgar Hörsting nahm sie in seinem Wort an den Bundestag ausdrücklich auf. Statt des letzten Satzes („Ohne dieses Eingeständnis...") fügte er an: „Wir leben von Vergebung. Wir vertrauen darauf, dass Gott sie uns schenkt. Wir können angesichts der Geschichte nur vertrauen, dass er vergibt und mit uns weitermacht. Weil wir das erfahren haben, erfüllt uns Hoffnung. Unsere Hoffnung liegt in Jesus Christus und der erneuernden, Leben rettenden und schaffenden Kraft dieser Vergebung." In: Ökumenische Rundschau 2 (2015), 262; vgl. Hartmut Weyel, Anspruch braucht Widerspruch. Die Freien evangelischen Gemeinden vor und im „Dritten Reich", Witten 2016, S. 551ff.

1946 schrieb Friedrich Heitmüller[127a] als Direktor der Stiftung Elim und als Mitglied der Bundesleitung: „Im Missverständnis dessen, was Evangelium ist und wem wir es zu verkünden haben, haben wir es versäumt, das soziale Gewissen und das gesunde Rechtsempfinden unseres Volkes und seiner Obrigkeit zu wecken und zu schärfen. Wir hätten die grundstürzenden religiösen und rassischen Irrtümer des Nationalsozialismus und seinen satanisch-dämonischen Versuch zur Lösung der Judenfrage viel deutlicher und schärfer geißeln müssen, als es geschehen ist." Und mein Vorgänger, Bundesvorsteher Karl-Heinz Knöppel, schrieb 1978 zum 40. Jahrestag der sogenannten Reichskristallnacht u.a.: „Die Bürger von Jesreel waren es gewohnt, ihrer Regierung zu gehorchen. Sie fürchteten sie mehr als Gott. Den Anweisungen des Staates folgten sie mehr als den Geboten Gottes. So gerieten sie, ohne es gewollt zu haben, in schwere Schuld. Hätte man es ihnen vorher gesagt, wozu sie fähig sein würden, sie hätten es nicht geglaubt." (Jesreel steht hier mit Bezug auf 1. Könige 21 für die Gemeinde Jesu zur Zeit des Dritten Reiches.)

Aber so wichtig dieses Eingeständnis der Schuld ist, es kostet nicht viel. Früher hätte es uns den Kopf gekostet, heute höchstens den Widerspruch Einzelner. Deshalb müssen wir unseren Blick vor allem auf die Zukunft richten. Wird sich morgen wiederholen, was gestern geschah? Sind wir vorbereitet, wenn ein neues Unrechtsregime unser Gewissen töten will und das Gebot Gottes mit Füßen tritt? Es gibt viel Grund für unseren Rechtsstaat zu danken, der sich im Grundgesetz verpflichtet, die Würde des Menschen zu achten und die Freiheit des Glaubens und des Gewissens nicht zu verletzen (Artikel 1 und 4). Trotzdem haben wir mit wachen Sinnen politische Entscheidungen kritisch zu begleiten. Das gilt gerade in einer Demokratie, in der jeder Bürger, wenn auch mit unterschiedlichen Vollmachten, zur Mitverantwortung und Mitgestaltung aufgerufen ist. Wenn wir es heute schon nicht tun, wie wollen wir morgen den Mut dazu aufbringen?!

[...]

[127a] Friedrich Heitmüller hatte bereits im Januar 1945 ein Schuldbekenntnis verfasst, das er Mitte Mai 1945 an seinen Vorstand und Bruderrat weitergab. Unermüdlich setzte er sich in den Folgejahren für ein Schuldbekenntnis des BFeG ein; vgl. ebd. S. 559ff.; Friedrich Heitmüller, Aus vierzig Jahren Dienst am Evangelium, Witten o. J. (1950), S. 146ff.

2.19 Reinhold Ulonska, Präses des Bundes Freikirchlicher Pfingstgemeinden, Fünfzig Jahre danach, Mai 1995[128]

Fünfzig Jahre danach
Ein Wort vom Präses

Vor fünfzig Jahren ging der furchtbare Zweite Wettkrieg zu Ende. Viele Deutsche kennen ihn nur aus den Erzählungen der Älteren und sind oft müde, noch mehr davon zu hören, denn sie fühlen sich weder schuldig noch betroffen. Ein Volk, welches die Mahnung der Geschichte überhört, lädt sich eine Wiederholung ein. Die Mahnung der Geschichte verstehen heißt, die Ursachen dieses schrecklichen Krieges zu begreifen und Ihnen überall, wo sie auftauchen, zu widerstehen. Kriege sind nicht ein Verhängnis, sie sind Ernte einer bösen Saat. Der Zweite Weltkrieg mag die Folge vieler Ursachen gewesen sein, dennoch stehen mir einige als besonders wichtige „geistliche Wegbereiter" vor Augen.

Sumpfpflanze des Rassenwahns
Als ersten Wegbereiter sehe ich den nationalen Stolz, der im Deutschtum einen besonderen, hohen Wert sah. Wie stark diese Selbstüberschätzung war, offenbart der Ausspruch: „Am deutschen Wesen wird die Welt genesen." Das Gedicht „Ich bin geboren deutsch zu fühlen, bin ganz auf deutsches Denken eingestellt, erst kommt mein Volk, dann all die anderen vielen, erst meine Heimat – dann die Welt" zeigt, dass es zum „deutschen Wesen" gehörte, andere Völker – und in unserem besonderen Fall andere Rassen – als zweitrangig, im Extrem minderwertig anzusehen. Die „Deutschtumüberheblichkeit" brachte die Sumpfpflanze des Rassenwahns zum Blühen. Aus Liebe zur Heimat wurde Überheblichkeit und Hochmut. Die Missachtung und Verachtung anderer Menschen ist auch heute wieder lebendig. Wehret den Anfängen! Wer Menschen wegen ihrer Sprache, Rasse oder Kultur für minderwertiger hält, ist leicht bereit, sie auch zu töten. Menschenverachtung ist ein Schritt zum Krieg.

Sündenbockdenken
Zweiter Wegbereiter war das „Sündenbockdenken". Der Erste Weltkrieg war militärisch verloren – das ist nun einmal historische Tatsache. Aber gerade diese Tatsache durfte nicht wahr sein. Die genialen, tapferen Deutschen konnten doch nicht wirklich einen Krieg verloren haben. Da waren die „November-Verräter", die den „Dolchstoß" in den Rücken des unbesiegten Heeres stießen. Mit diesen Argumenten wurden Menschen im eigenen Land geschmäht und gemordet. Schuld an allem Unglück waren nicht eigene Fehler, sondern andere Menschen. Und dann wurde der „Hauptsündenbock" entdeckt: Die Juden! Sie waren schuld

---

[128] Präses Reinhold Ulonska in: Bundesinformation, Bund Freikirchlicher Pfingstgemeinden K.d.ö.R., Mai 1995, Nr. 5.

am Ausbruch des Krieges und an seinem Ende. Sie waren Kriegstreiber und „feige" Pazifisten zugleich. Demokratie und Republik waren jüdische „Erfindungen" und undeutsche Staatsformen.

Gerade dieser losgetretene Stein des Judenhasses löste eine furchtbare Lawine aus. Von der sogenannten „Reichskristallnacht" bis zur „Endlösung" wurde es immer ärger. Deutsche Bürger seit vielen Jahrhunderten wurden, nur weil sie Juden waren, geschmäht, beraubt, gejagt, verschleppt und gemordet. Die „Sündenbocktheorie" hat furchtbare Schuld auf das deutsche Volk geladen. Die Feigheit, sich eigener Schuld und ihren Folgen zu stellen, machte anfällig für jede Art von Schuldverlagerung.

Gewaltverherrlichung

Den dritten Wegbereiter sehe ich in der Gewaltverherrlichung und im ungezügelten Anspruchsdenken. Von Gewaltverherrlichung bis zur Gewaltbereitschaft – und dann bis zur Gewaltanwendung sind es jeweils nur kurze Schritte. Der Wahn, geboren aus einem politischen Sozial-Darwinismus, dass der Stärkere das Recht hat, sich zu nehmen was er will – oder meint haben zu müssen, führte zur rücksichtslosen Gewaltanwendung. "Das deutsche Volk braucht Raum im Osten" war eine Parole. Dass andere Völker vernichtet oder unterdrückt werden mussten, spielte keine Rolle: Der STÄRKERE frisst eben den SCHWÄCHEREN. Man sprach vom „Schwertrecht" und meinte: Gewalt, Morde und Kriege schaffen neues Recht und machen selbst Unrecht zum Recht. „Den Sieger fragt keiner nach Recht."

Die Mahnung unserer Vergangenheit muss heute gesagt und gehört werden. Warum sage ich das? Weil dieselben Einstellungen auch heute sich wiederfinden. Das gilt für das Zusammenleben in der kleinen Alltagswelt: Anspruchsdenken statt Nächstenliebe, Überheblichkeit statt Bescheidenheit, Ächtung der Fremden statt Achtung vor ihnen, Gewaltverherrlichung und Mitleidslosigkeit und viele andere Dinge mehr zeigen, dass wir aus der Geschichte zu wenig lernen.

Besinnung und Buße

Fünfzig Jahre nach Kriegsende sind Grund zum Dank an Gott, dass es nicht völlig aus war mit uns. Fünfzig Jahre nach Kriegsende sind aber auch ein Anlass zur Besinnung und Buße. Gottes Wort deckt die tiefsten Hintergründe der Kriege auf: „Woher kommen Kriege und Streitigkeiten unter euch? Nicht daher, dass ihr euch von euren Lüsten bestimmen lasst, die in euren Gliedern streiten ... ihr begehrt und habt nichts, ihr tötet und neidet ... ihr streitet und führet Krieg ..." (Jak. 4, 1-2). Wahres Christentum ist auch eine wahre Friedensbewegung. Weil Christen durch die Wiedergeburt eine neue Gesinnung bekommen haben und nach anderen Prinzipien leben, sollten sie Werkzeuge des Friedens in dieser Welt sein. Fünfzig Jahre nach dem schrecklichen Zweiten Weltkrieg, der nicht, wie euphorisch erhofft, das Ende aller Kriege wurde (wie viele Kriege sind seitdem über unsere arme Erde gegangen – wie viele werden jetzt noch ausgefochten), wird eines deutlich: Wahren Frieden gibt nur der Friedefürst Jesus. Darum wollen wir es als ein Vermächtnis unserer Geschichte aufgreifen: das Evangelium des Friedens verkündigen, Seelen zu Jesus führen und Gemeinden pflanzen. Mit unerlösten Menschen können keine erlösten Zustände geschaffen werden. Die Welt braucht Jesus – und wir sind Schuldner aller Menschen.

Gottes Friede sei mit Euch,
Euer [gez.] Reinhold Ulonska

2.20 Arbeitsgemeinschaft Mennonitischer Gemeinden in Deutschland (AMG), 50 Jahre nach Kriegsende, 10. Juni 1995[129]

50 Jahre nach Kriegsende

Erklärung der Mitgliederversammlung der Arbeitsgemeinschaft Mennonitischer Gemeinden in Deutschland (K.d.ö.R.) am 10. Juni 1995 in Karlsruhe-Thomashof

Am 8. Mai 1995 gedachten wir des Kriegsendes und besannen uns darauf, was dieses Datum heute für uns als Mennoniten in Deutschland bedeutet. Viele von uns haben damals diesen Wendepunkt als Katastrophe erlebt und erlitten. Im Rückblick erkennen wir, dass das Kriegsende trotz allen Leides, das wir selbst erlitten haben, vor allem eine Befreiung von einem verbrecherischen Unrechtsregime bedeutete.

Die meisten Mennoniten in Deutschland sind, als Ergebnis einer langen Entwicklung, der Anfechtung des Nationalsozialismus erlegen, und sie gaben das Friedenszeugnis auf. Sie schätzten oft Verpflichtungen gegenüber dem eigenen Volk höher ein als die Verbindung zu unseren mennonitischen Geschwistern in den Niederlanden und im Elsass.

Die niederländischen Geschwister, die unter dem deutschen Besatzungsregime litten und zahlreiche Opfer zu beklagen hatten, konnten nicht einmal auf die Anteilnahme, geschweige denn auf die Hilfe der deutschen Mennoniten rechnen. In Lothringen oder im Warthegau übernahmen auch deutsche Mennoniten während der Kriegsjahre Höfe vertriebener Bauern. Mennoniten aller Berufe waren in das damalige System verstrickt, und fast alle Mennoniten haben zu den nationalsozialistischen Verbrechen an Juden und vielen anderen geschwie-

---

[129] Aus Anlass der 50. Wiederkehr der deutschen Kapitulation am 8. Mai 1945 von der Mitgliederversammlung der AMG in Karlsruhe-Thomashof verabschiedet; in: Arbeitsgemeinschaft Mennonitischer Gemeinden in Deutschland (Hg), Mennonitisches Jahrbuch 1996, S. 41; siehe auch www.mennoniten.de/archiv.html; vgl. Diether Götz Lichdi, Mennoniten blicken zurück, in: Freikirchenforschung 15 (2005/06), S. 242ff.

gen. Auch diejenigen, die dem Nationalsozialismus kritisch gegenüber standen, sahen keinen Ausweg. Wir können nur mit den Worten des Vaterunsers um Vergebung bitten.

Wir verstehen diese Beispiele nicht als nachträgliche Kritik, aber wir glauben, dass der Blick in die Vergangenheit notwendig ist, um aus dieser Geschichte zu lernen. Darum bedauern wir, dass die Beschäftigung mit dem Nationalsozialismus und seinen Folgen lange Zeit unterblieb aus Angst vor Auseinandersetzungen und weil viele deutsche Mennoniten vom Krieg selbst hart betroffen waren. Andere glaubten, sie hätten sich nicht zu entschuldigen, weil sie nicht als unmittelbare Täter an Verbrechen teilgehabt hätten. Heute erkennen wir, dass wir als Christen und Teil der mennonitischen Geschwisterschaft früher unsere Scham und unsere Betroffenheit hätten deutlich machen müssen.

Für uns sind die Jahre nach dem Ende des Krieges und nach dem Elend der Vertreibung unverdient gute Jahre des Wiederaufbaus geworden. Wir haben erleben dürfen, dass im Krieg verfeindete Nachbarvölker zusammengewachsen sind und sich heute mit Freundlichkeit und Achtung begegnen. Dafür sind wir dankbar. Aber vor dem Hintergrund der Vergangenheit beobachten wir das Zeitgeschehen und fühlen uns beschwert durch eine wachsende Bindungs- und Orientierungslosigkeit, durch Egoismus, Fremdenfeindlichkeit und die zunehmende Gewaltbereitschaft.

Um diesen Herausforderungen angemessen zu begegnen, wollen wir uns an Gottes Wort und dem Vermächtnis unserer täuferischen Väter und Mütter orientieren. Dabei möchten wir folgende Gesichtspunkte besonders betonen:
- Bekenntnis in der Öffentlichkeit durch Mission und Friedenszeugnis
- Betonung der Geschwisterlichkeit über die Gottesdienstgemeinschaft und das eigene Volk hinaus
- Bereitschaft, Fremde anzunehmen und niemand auszugrenzen
- ein verantwortlicher Lebensstil zur Bewahrung der Schöpfung.

„Die Gnade des Herrn ist's, dass wir nicht gar aus sind; seine Barmherzigkeit hat noch kein Ende!" (Klagelieder 3, 22)

2.21 Jörg Zink, Wir haben geschlafen. Ein christliches Schuldbekenntnis, 1995[130]

Wir haben geschlafen
Die Freiheit des Christenmenschen und die Anpassung der Kirchen

Christliches Schuldbekenntnis

Ich stelle mir vor, am heutigen Tag träte eine Versammlung von Bischöfen, Kirchenpräsidenten und anderen kirchenleitenden Leuten zusammen wie vor 50 Jahren. Ich stelle mir vor, sie dächten nach über die Ereignisse in der zweiten Hälfte des 20. Jahrhunderts, und dabei käme dann etwas heraus wie ein bundesrepublikanisch-kirchliches Schuldbekenntnis. Ich gebe zu, das ist eine kühne Vorstellung. Aber zu welcher Hoffnung sollte uns der Geist Gottes, der doch in solchen Versammlungen durchaus am Werk sein könnte, nicht ermutigen? Denn das Schuldbekenntnis anderer Leute, das 50 Jahre zurückliegt, zu feiern, ist leicht. Aber bekennen, darauf käme es an.

Ich höre also, was vor 50 Jahren gesagt wurde: Wir klagen uns an, dass wir nicht mutiger bekannt und nicht fröhlicher geglaubt haben. Und ich höre weiter, was heute zu sagen ist: Wir klagen uns an, dass wir nicht wacher auf die Ereignisse in den letzten 50 Jahren geachtet, dass wir nicht unabhängiger vom Geist dieser Zeit gedacht und gehandelt haben.

Wir bekennen, dass wir immer vor allem daran interessiert waren, im Einvernehmen mit unserem Staat und mit den Meinungen der Mehrheit in unserer Gesellschaft zu leben und so den Bestand unserer Kirchen zu sichern. Als es vor 45 Jahren um die Wiederbewaffnung der Bundesrepublik ging, gab es in unserem Land Christen, die dem aus Gründen ihres Glaubens und ihrer Erfahrung widerstanden. Wir haben sie damals so allein gelassen wie zuvor die unter uns, die sich dem Reich Hitlers widersetzt hatten, und haben ihnen an vielen Orten den Mund verboten.

Als es vor 40 Jahren vorkam, dass Katholiken auf evangelischen Kanzeln sprachen, haben wir dies untersagt. Als es vor 30 Jahren darum ging, die Impulse der Studentenbewegung aufzunehmen und ihre Forderungen zu prüfen, da haben wir sie in die Ecke der Chaoten abgedrängt, wie es auch andere Kräfte in unserem Land taten. Dadurch ist uns viel erneuernde Kraft verlorengegangen, und wir haben unzähligen nachdenklichen jungen Menschen Unrecht getan.

---

[130] Der Theologe und Schriftsteller Jörg Zink formulierte 1995 in Anlehnung an das Stuttgarter Schuldbekenntnis der EKD ein „christliches Schuldbekenntnis" im Blick auf das Versagen der Kirchen in den letzten 50 Jahren – für eine Erinnerungsfeier in der Münchener Erlöserkirche; in: Publik-Forum. Zeitung kritischer Christen, Oberursel, Nr. 24/1995, S. 24, Abdruck mit freundlicher Genehmigung des Verlages.

Vor 25 Jahren, als die Zerstörung dieser Erde zum öffentlichen Thema zu werden begann, da haben wir nicht bemerkt, dass dies mit unserem Glauben an Gott den Schöpfer zu tun hatte. Wir haben es verspotteten Außenseitern überlassen zu sagen, was wir eigentlich als Ausdruck unseres eigenen Glaubens hätten bekennen müssen. Der Grund war unsere Furcht vor der Macht der Mächtigen in Staat und Wirtschaft.

Vor 20 Jahren, als in den Ländern Südamerikas die Theologie der Befreiung sich zu Wort meldete, haben wir sie nicht als eine Gestalt des Evangeliums erkannt. Die Initiativen in unseren Gemeinden, die nach Gerechtigkeit riefen, haben wir nicht unterstützt, sondern zur theologischen Ordnung gerufen. Viel zu spät haben wir wahrgenommen, was da auf uns zukam.

Vor 15 Jahren, als die Friedensbewegung aufkam, haben wir unseren Pfarrern verboten, als ihre Sprecher aufzutreten und dabei ihren Beruf zu nennen. Wir haben nicht verstanden, dass viele, die vor den Raketentoren saßen, dies deshalb taten, weil sie Jesus Christus mehr gehorchen wollten als ihrer Obrigkeit. Immer haben wir Außenseitern und Einzelgängern überlassen, zu zeigen, was Christen in [dieser] Zeit zu tun hätten.

Vor fünf Jahren fand die Wiedervereinigung unseres Landes statt, die keine Wiedervereinigung war, sondern eine einseitige Heimholung ins Reich. Es fand auch eine Wiedervereinigung unserer Kirchen statt, aber die Erfahrungen und die Wünsche der Kirchen im Osten spielten dabei kaum eine Rolle. Was für eine Kirche richtig sei, wurde von den Kirchen im Westen bestimmt.

Wir klagen uns an, dass wir fast immer, wenn sich etwas Neues meldete, fest und nachhaltig geschlafen haben. Dass uns, wenn ein deutliches Wort nötig gewesen wäre, nichts eingefallen ist. Ordnung, Einfügung und Unauffälligkeit waren die Götter, denen wir von ganzem Herzen, von ganzer Seele und mit allen Kräften gedient haben. Wir klagen uns an, dass wir nun 50 Jahre lang nicht zu sagen wussten, was die westliche Freiheit und die Freiheit eines Christenmenschen unterscheide. Wir klagen uns an, dass wir fast immer den restaurativen Kräften in unserer Gesellschaft zu Willen waren. Wir haben wie alle anderen den Kalten Krieg mitgeführt, haben unsere eigene Mitschuld am Unfrieden verdrängt und wie alle anderen alles Böse beim anderen gesucht.

Wir wissen, dass ein wirkliches Schuldbekenntnis, das nicht wieder nach tausend Entschuldigungen sucht, nur dort laut werden kann, wo ein Mensch von der Barmherzigkeit Gottes weiß und seiner Gnade vertraut. Wir bitten also Gott durch Jesus Christus, unseren Herrn, der für uns gestorben und auferstanden ist, uns zu vergeben, womit wir durch alle diese Jahre schuldig geworden sind.

Wir hoffen zu Gott, dass durch das gemeinsame Bekennen unserer Kirchen dem Geist der Gewalt, des Hasses und der Ungerechtigkeit, der heute so mächtig ist, wie er je war, in aller

Welt besser als bisher gesteuert werde und der Geist des Friedens und der Güte sich ausbreite, in dem allein die gequälte Menschheit Genesung finden kann.

Unter diesem Bekenntnis stehen nicht elf Unterschriften wie 1945 in Stuttgart, und nicht nur tausend, sondern eine unendliche Reihe von Namen: die Namen von uns allen. Denn ein gemeinsamer Neuanfang ist nötig. Er ist möglich. Er ist geboten. Im Namen und mit der Hilfe Gottes, des Vaters und des Sohnes und des Heiligen Geistes. Amen.

2.22 Siebenten-Tags-Adventisten, Erklärung zum 60. Jahrestag der Beendigung des Zweiten Weltkriegs, 7. Mai 2005[131]

ERKLÄRUNG
der Siebenten-Tags-Adventisten in Deutschland und Österreich zum 60. Jahrestag der Beendigung des Zweiten Weltkriegs am 8. Mai 1945

Vorwort

In diesen Tagen jährt sich zum 60. Mal das Ende des Zweiten Weltkriegs. Was damals geschah, haben unsere Väter und Mütter erlebt und erlitten. Ihre Erfahrungen und Erinnerungen sind ein Teil unserer Geschichte geworden. Ihre Texte und Dokumente lagern nicht nur in unseren Archiven; sie sind Teil unseres Wissens und unseres Gedächtnisses geworden.

Im Bewusstsein der Verantwortung für unser Denken und Handeln hier und heute sowie im Blick auf die Vergangenheit und Zukunft sehen wir uns aufgerufen, zu den damaligen Ereignissen offen und demütig Stellung zu nehmen.

I. Wir beklagen zutiefst ...

... dass von unseren Ländern dieser furchtbare Krieg ausgegangen ist, der unermessliches Leid über die Menschheit gebracht hat – und dass auch Siebenten-Tags-Adventisten daran beteiligt waren.

... dass der Charakter der NS-Diktatur nicht rechtzeitig und deutlich genug wahrgenommen und das widergöttliche Wesen der NS-Ideologie nicht klar erkannt wurde.

---

[131] Die Gemeinschaft der Siebenten-Tags-Adventisten in Deutschland ist Gastmitglied in der VEF und der ACK. Die Gemeinschaftsleitung in der DDR hatte bereits zum 50. Gedenktag des 9. November 1938 ein Wort an die Gemeinden gerichtet. Die vorliegende Erklärung wurde am 7. Mai 2005 in den Gottesdiensten verlesen. Sie ist veröffentlicht in: AdventEcho 104 (Mai 2005), S. 31, siehe auch www.adventisten.de/ueber-uns/dokumente-und-stellungnahmen; vgl. Johannes Hartlapp, Der Umgang mit der NS-Vergangenheit in den deutschen Adventgemeinden, in: Freikirchenforschung 15 (2005/06), S. 324ff.

... dass sich in manchen unserer oder von uns verbreiteten Veröffentlichungen Aussagen finden, die Adolf Hitler huldigten und der rassistischen Ideologie des Antisemitismus in einer Weise Ausdruck gaben, die aus heutiger Sicht unfassbar ist.

... dass unsere Völker zum Komplizen des Rassenwahns wurden, der innerhalb weniger Jahre sechs Millionen Juden und Vertretern von Minderheiten in ganz Europa Freiheit und Leben kostete – und dass auch viele Siebenten-Tags-Adventisten an der Not und dem Leid ihrer jüdischen Mitbürger keinen Anteil nahmen.

... dass Mitbürger jüdischer Herkunft von uns ausgegrenzt und ausgeschlossen, sich selbst überlassen und so der Gefangenschaft, Vertreibung oder dem Tod ausgeliefert wurden.

II. Wir bekennen aufrichtig ...

... dass wir gegenüber dem jüdischen Volk, allen Verfolgten und vom Krieg Betroffenen und darüber hinaus auch gegenüber Adventisten in anderen Ländern durch unser Versagen schuldig geworden sind. Dafür bitten wir Gott und die noch lebenden Betroffenen demütig um Vergebung.

... dass wir als Siebenten-Tags-Adventisten in jenen notvollen Zeiten trotz unserer Erkenntnisse aus der Heiligen Schrift und dem prophetischen Wort nicht mutiger und konsequenter gehandelt und so in der Nachfolge unseres Herrn versagt haben. Wir sind denjenigen, die in unseren Reihen mutig Widerstand geleistet haben und sich der Nazidiktatur weder gebeugt, noch mit ihr gemeinsame Sache gemacht haben, nicht mutig entschlossen genug gefolgt.

... dass weder die verflossene Zeit noch die damalige große Bedrängnis und Not das begangene Unrecht rechtfertigen oder wiedergutmachen können; nur Gott allein kann in seiner Gnade Vergebung für Versagen und Sünde gewähren.

III. Wir wollen nachdrücklich dafür eintreten ...

... dass nie wieder ein Krieg gegen andere Völker von Deutschland oder Österreich ausgeht und dass niemand aufgrund von Rasse, Religion, Nationalität oder Geschlecht ausgegrenzt und benachteiligt wird.

... dass die Vergangenheit nicht in Vergessenheit gerät, sondern als bleibendes Mahnmal uns auch heute vor Augen steht.

... dass der Gehorsam, den wir der staatlichen Obrigkeit schulden, nicht zur Preisgabe von biblischen Überzeugungen und Werten führt.

... dass wir dazu fähig sind, die „Geister zu unterscheiden" und unseren Glauben auch dann mutig zu bekennen und konsequent zu leben, wenn wir unsererseits in die „Stunde der Versuchung" geraten.

Schlusswort

Mit dieser Erklärung wollen wir uns nicht über jene, die damals lebten und glaubten, überheben. Es steht uns nicht zu, unsere Väter und Mütter zu verurteilen – Gott allein ist Richter. Ebenso wenig steht es uns zu, andere von ihrer Schuld freizusprechen – Gott allein spricht uns frei.

Wir wollen aber in unserer Zeit entschieden für Recht und Gerechtigkeit – für alle Menschen – eintreten. Dass uns das gelingt, ist unsere aufrichtige Bitte zu Gott, der allein aus seiner Gnade das Wollen und Vollbringen dazu schenken kann.

Im Namen der Gemeinschaft der Siebenten-Tags-Adventisten in Deutschland
Klaus van Treeck Vorsitzender
Günther Machel Stellvertretender Vorsitzender

Im Namen der Kirche der Siebenten-Tags-Adventisten in Österreich
Herbert Brugger Vorsteher

IV. Nachwort

Vergangenheitsbewältigung – eine Last für den Bund Evangelisch-Freikirchlicher Gemeinden, seine Gemeinden und deren Mitglieder?[132]

Ereignisse in jüngster Zeit zeigen, dass die Vergangenheit immer noch nicht bewältigt ist, obwohl das Wort „Vergangenheitsbewältigung" für den Umgang mit der Nazi-Zeit bereits 1955 in der Evangelischen Akademie Berlin-West auftauchte.

Die Aufarbeitung der eigenen Geschichte des Bundes Evangelisch-Freikirchlicher Gemeinden im sogenannten Dritten Reich leidet immer noch an Unaufmerksamkeit und Verdrängungsmechanismen. Erich Geldbach erinnerte acht Jahre nach dem Jubiläumskongress der Europäischen Baptistischen Föderation 1984 an die Schlusssätze in der damaligen „Erklärung", dass man „aus diesem Teil unserer Geschichte lernen" möge, um für die „geistigen Verführungen dieser Zeit" wacher zu sein. Er fragte nach: „Aber wo ist ein solcher Lernprozess ablesbar? Wo und durch wen kommt er in Gang; wie äußert er sich? Ist man nicht weiterhin öffentlichkeitsscheu und gibt auf drängende Fragen keine Antworten, um ja nicht ‚politisch' zu werden?"[133]

Drei Schwierigkeiten zeigen sich bei der Suche nach einer überzeugenden Vergangenheitsbewältigung evangelisch-freikirchlicher Verflechtungen in das ideologische System und in dessen menschenverachtende Handhabung in der NS-Zeit.

1. Es fehlt an der Wahrnehmung klärender Informationen.

Es gab keinen Versuch des Bundes, das „Wort der Bundesleitung zum Verhalten unserer Freikirche im sogenannten Dritten Reich" von 1984 in den Gemeinden rezipieren zu lassen. Eine im Bundesrat 1995 geführte Debatte ließ erkennen, dass das „Schuldbekenntnis" von 1984 wie auch ein ähnliches des BEFG in der DDR aus dem gleichen Jahr und andere Texte, z.B. zur Reichspogromnacht oder zum Kriegsende, überhaupt nicht im Gedächtnis vieler Abgeordneten abrufbar waren. Daraus erwuchs das Versprechen, der erschreckenden Unkenntnis entgegen zu wirken durch die Veröffentlichung informativer Texte. Sie fehlt bis heute und die Erklärung von 1984 hat es nicht einmal bis ins Handbuch des Bundes geschafft.

Die Dissertation von Andrea Strübind „Die unfreie Kirche - Der Bund der Baptistengemeinden im ‚Dritten Reich'" stammt aus dem Jahr 1989 und hat erstmals die Geschehnisse sys-

---

[132] Heinz Szobries in: Die Gemeinde (2006), Nr. 25, S. 12f, überarb. Fassung.
[133] Siehe Anm. 52.

tematisch untersucht. Diese wissenschaftliche Arbeit konnte fundierte Kenntnisse nur begrenzt verbreiten.

Für die Arbeitsgemeinschaft der Brüdergemeinden hat ihr Bruderrat im April 1995 eine Erklärung „zur Haltung während der Zeit des Nationalsozialismus und nach dem Zusammenbruch" abgegeben. Sie benennt deutlicher und detaillierter als die Hamburger Erklärung „das Versagen und die daraus folgende Schuld unter der NS-Herrschaft", aber eine durchschlagende Wirkung zumindest in den Brüdergemeinden muss ebenfalls bezweifelt werden.

In den meisten Festschriften von Gemeinden kommt die NS-Zeit nur in Form der Gemeindestatistik vor. Nur vereinzelt sind konkrete Angaben zu finden, wie man sich z.B. gegenüber den jüdischen Mitgliedern oder bei Vorladungen zur Gestapo verhalten hat. Lediglich ein Diakoniewerk hat in seiner Jubiläumsschrift im Jahre 1999 die eigene z.T. unrühmliche Vergangenheit zwischen 1933 und 1945 schonungslos ans Licht gebracht.

Wie soll ein Lernprozess in Gang kommen, wenn dieses Geschichtskapitel weithin unbekannt bleibt?

2. Ein Schuldbewusstsein hat sich nur unzureichend entwickelt.

Paul Schmidt, Bundesdirektor von 1934 bis 1959, vertrat 1946 vor dem ersten Nachkriegsbundesrat 1946 in Velbert die Meinung, dass die Schuldfrage im Raum der Gemeinde Jesu „eine offene Frage" bleibt. Seine Argumentation beruht auf der Verneinung eines ganzen Frageknäuels: „Hat die Gemeinde Jesu das Wächteramt in ihrem Volk, wie etwa die Propheten es in Israel hatten? Hat sie einen Auftrag für das ganze Volk in dem Sinne, dass es die Verantwortung für den Geist und die Sittlichkeit des Volkes trägt? Kann die Gemeinde schuldig werden im Ganzen, wenn sie nicht gegen besondere Sünden der Staatsführung öffentlich Protest erhebt? Kann die Gemeinde Jesu durch ihr glaubensstarkes Verhalten in Verkündigung und Leben den Verfall eines Volkes aufhalten und kann sie als mitschuldig angesprochen werden, wenn ein so starker Verfall der sittlichen Kräfte und ein so tiefer Sturz des Volkes erfolgt, wie es jetzt der Fall ist?" Es gab nur wenige nach 1945 in den damaligen Leitungsgremien des Bundes, der Werke und der Gemeinden, die Einsicht zeigten für eigenes Versagen. Die „Erklärung" von 1984 wurde schnell als „Schuldbekenntnis" wahrgenommen und in der Folgezeit als solches bezeichnet. Doch schon dieser Benennungswechsel macht klar, wie umstritten der Text in der Bundesleitung gewesen ist. Unter uns „ist das Erkennen, Anerkennen und Bekennen von Schuld [...] trotz einer entsprechenden Erklärung nicht unumstritten", schrieb zehn Jahre später der Bundesarchivar Hans-Volker Sadlack in der Zeitschrift „Die Gemeinde"[134]. Die Erklärung deckt dennoch einige gemeinsame Einsichten auf; sie lässt wenigstens teilweise ein Schuldbewusstsein erkennen, wenn sie Scham und Trauer

---

[134] Die Gemeinde (1995), Nr. 29, S. 6.

im Gedenken an die Verfolgung und Massenvernichtung von Juden nennt oder von der Schuld fehlenden Widerstandes gegen die Verletzungen göttlicher Gebote und Ordnungen spricht sowie vom fehlenden Mut zum Bekenntnis für Wahrheit und Gerechtigkeit. Immerhin enthält sie zwei wesentliche Eingeständnisse: „Wir sind als Bund der ideologischen Verführung jener Zeit oft erlegen" und: „Wir sehen uns in die Schuld unseres Volkes und unserer Bundesgemeinschaft verflochten und tragen sie mit." Allerdings prägen die Argumente von Paul Schmidt heute noch Meinung und Verhalten vieler.

3. Es mangelt an Schlussfolgerungen aus der Geschichte.

Als einzige Konsequenz in der Nachkriegszeit entstand eine deutliche Solidarität mit dem leidenden deutschen Volk, die allerdings die Ursachen verschleierte. Wer aber danach fragt, warum der Bund, die Gemeinden und die Mehrzahl der Mitglieder der ideologischen Verführung erlegen waren und wie man das künftig verhindern will, erhält kaum eine klare Antwort. Wie begegnet man heute einer Verherrlichung von Personen, Krieg und Gewalt? Wie wird die Wiederholung des menschenunwürdigen Umgangs mit jüdischen Geschwistern in den Gemeinden und die Abwertung heutiger ausländischer Mitbürger verhindert? Ist der Unrechtsstaat mit Bezug auf Römer 13 immer noch kein Thema? Erliegen wir schließlich weiterhin dem fatalen Missverständnis, den Missionsauftrag auf die Heilsverkündigung zu reduzieren? Wo sind die hoffnungsvollen Ansätze aus dem Konziliaren Prozess für Gerechtigkeit, Frieden und Bewahrung der Schöpfung geblieben?

Eine individualistische, diese Welt und ihre Probleme ausschließende Frömmigkeitsstruktur hindert uns, von Jesus zu lernen, wie man den Nöten der Menschen betend und handelnd begegnet. Es geht um mehr als ein Evangelisationsprogramm, weil der zweite Teil des Missionsbefehls ebenso zu erfüllen ist: „...und lehret sie halten, was ich euch befohlen habe". Die überlieferten Denk- und Handlungsmuster vereiteln eine konstruktive Aufarbeitung der Altlasten und eine daraus zu gewinnende Erneuerung des Gleichklangs von Glaube und Tat.

Der Bericht des Präsidenten des BEFG zum Bundesrat 1995 mahnt: „Unser Gedenken soll zum Handeln führen. Wir wollen als Christen nicht nur an die Nachfolge Christi glauben, sondern sie auch praktizieren." Ein indisches Sprichwort sagt: „Wer ein schlechtes Gedächtnis hat, wird nicht umhin kommen, seine Fehler zu wiederholen."

Diese Mahnung steht weiterhin im Raum!

Anhang

Freikirchliche Tagungen zur Thematik

„Die Freikirchen von der Weimarer Republik zum Dritten Reich"

Tagung im Theologischen Seminar Hamburg 26.-29. September 1977[135]

„Baptisten und Zeitgeist"

Kirchengeschichtliches Seminar des Theologischen Seminars Hamburg, Leitung Edwin Brandt, Wintersemester 1983[136]

„Erinnerung schafft Zukunft"

Tagung des Arbeitskreises Gemeinde und Weltverantwortung im BEFG, Hannover 15.-17. September 1989

Folgetagung – in Verbindung mit der Initiative Schalom, Dortmund 1990[137]

„Widerstand und (V)Ergebung"

– Nachdenken über unsere Geschichte mit der DDR (und danach)

Tagung der Initiative Gemeinde mit Weltverantwortung im BEFG (Ost), Berlin 10.-12. September 1993[138]

„Leben in Widerstand und Anpassung – brauchen wir ein neues Schuldbekenntnis?"

Theologische Werkstatt der Initiative Schalom, Karlsruhe 9.-11. Oktober 1998[139]

---

[135] Bericht von Joachim Zeiger in: Die Gemeinde (1977), Nr. 47, S. 12.

[136] Bericht in: Die Gemeinde (1983), Nr. 13, S. 5-6.

[137] Dokumentation zu beiden Tagungen: Initiative Schalom, Erinnerung schafft Zukunft, Dokumentation Nr.14, Ditzingen-Hirschlanden o.J. [1990]; Tagungsbericht von Kim Strübind in: Rundbrief des Arbeitskreises Gemeinde und Weltverantwortung im BEFG 1/1990 (Anlage), Oncken-Archiv Elstal Bestand D 12.

[138] Bericht in: Die Gemeinde (1993), Nr. 41 und (1994), Nr. 8-9; vgl. Theologisches Gespräch (1994), Nr. 1.

[139] Das Tagungsreferat von Reinhard Assmann ist unveröffentlicht.

„Wider das Vergessen – Baptisten erzählen aus ihrer Jugend im Dritten Reich"

Gemeindejugendwerk Hessen-Siegerland des BEFG, Darmstadt 2000[140]

Verein für Freikirchenforschung e.V.

Der Verein, der sich der „Förderung der Erforschung freikirchlicher Geschichte und Theologie" widmet, hat die Thematik mehrfach in seinen jährlichen Symposien aufgegriffen.[141] Die Arbeitsgruppe I (AG „Geschichte der Freikirchen in Deutschland nach dem Zweiten Weltkrieg") beschäftigte sich in ihren jährlichen Sitzungen 2004 und 2005 mit dem Thema „Schuldbekenntnisse im Blick auf die Zeit des Nationalsozialismus".[142]

---

[140] Bericht in: Die Gemeinde (2000), Nr. 8, S. 14.

[141] Z.B. „Freikirchen und Antisemitismus" im Frühjahr 2005, „Freikirchen in Deutschland 1945 bis 1949" im Herbst 2005, beide in: Freikirchenforschung 15 (2005/06); „Freikirchen in der Zeit des Nationalsozialismus" im Herbst 2011, in: Freikirchenforschung 21 (2012).

[142] Forschungsberichte der AG zum Thema sind dokumentiert in: Freikirchenforschung 14 (2004),15 (2005/06), 16 (2007).

Auswahl freikirchlicher Veröffentlichungen und unveröffentlichter Arbeiten zur Thematik (chronologisch)

Heitmüller, Friedrich, Aus vierzig Jahren Dienst am Evangelium, Witten o. J. (1950)

Szobries, Heinz, Der deutsche Baptismus im Dritten Reich, in: Semesterzeitschrift (1966), Nr. 11

ders., Der deutsche Baptismus im Dritten Reich. Der Einfluss der NS-Zeit auf die Verfassung des Bundes, in: Semesterzeitschrift (1967), Nr. 14

Grün, Willi, Den andern vertragen, statt wider ihn zu klagen, in: Die Gemeinde (1966), Nr. 12, S. 10-11

Zehrer, Karl, Evangelische Freikirchen und das „Dritte Reich", Göttingen 1986 (Dissertation zur Promotion B, Karl-Marx-Universität Leipzig 1978)

Balders, Günter, Eine „Theologie des Führerprinzips"? Deutsche Baptisten auf der Suche nach einem Weg im Dritten Reich, in: Theologisches Gespräch (1979), Nr. 1-2, S. 29-40

ders., „Heilige Gefolgschaft". Über das Führerprinzip im Bund der Baptistengemeinden am Anfang des Dritten Reiches, in: Theologisches Gespräch (1979) Nr. 3-4, S. 5-15

Kösling, Günther, Die deutschen Baptisten 1933-1934. Ihr Denken und Handeln zu Beginn des Dritten Reiches, Siegen 1980 (Dissertation, Theologische Fakultät Marburg 1980)

Menk, Friedhelm, „Brüder" unter dem Hakenkreuz. Das Verbot der „Christlichen Versammlungen" 1937, Herborn 1980

Assmann, Reinhard, „Schicket euch in die Zeit!", Der Bund der Baptistengemeinden in Deutschland am Anfang des „Dritten Reiches" (unveröffentlichte Abschlussarbeit, Theologisches Seminar Buckow 1981)

Bloedhorn, Klaus jr., Untertan der Obrigkeit? Baptisten- und Brüdergemeinden 1933-1950, Witten-Stockum 1982² (erweiterte Fassung der Examensarbeit, Theologisches Seminar Hamburg 1980)

Densky, Bernd Reiner, Die Zeit des Dritten Reiches in der baptistischen Wochenzeitschrift „Der Wahrheitszeuge" (unveröffentlichte Magisterarbeit, Theologische Fakultät Göttingen 1983)

Kessler, Georg, Die deutschen Baptisten und die Juden in der Zeit des Dritten Reiches (unveröffentlichte Examensarbeit, Hagen 1984)

Balders, Günter (Hg), Ein Herr, ein Glaube, eine Taufe. Festschrift 150 Jahre Baptistengemeinden in Deutschland, Wuppertal / Kassel 1984, darin: Balders, Günter, Kurze Geschichte der deutschen Baptisten, Teil 5: Im Dritten Reich und Zweiten Weltkrieg (1933-1945)

Jordy, Gerhard, Die Brüderbewegung in Deutschland, Band 3: Die Entwicklung seit 1937, Wuppertal 1986

Menk, Friedhelm, Die Brüderbewegung im Dritten Reich. Das Verbot der „Christlichen Versammlung" 1937, Bielefeld 1986

Strübind, Andrea, Die unfreie Freikirche, Der Bund der Baptistengemeinden im „Dritten Reich", Neukirchen-Vluyn 1991 (Dissertation Kirchliche Hochschule Berlin 1989)

Strahm, Herbert, Die Bischöfliche Methodistenkirche im Dritten Reich, Stuttgart-Berlin-Köln 1989

Marks, Ulrich, Deutsche Baptisten zwischen Kreuz und Hakenkreuz (Reihe edition initiative schalom, 1), Kassel 1989 (Diplomarbeit)

Gordon, Michael, Dokumentarische Untersuchung zur Frage von Schulderkenntnis und Schuldbekenntnis bei den deutschen Baptisten in den Jahren 1945-1947 (unveröffentlichte Hausarbeit, Theologisches Seminar Hamburg 1990)

Hentschel, Ronald, Naphtali Rudnitzky – Leben und Wirken eines Judenmissionars (unveröffentlichte Examensarbeit, Theologisches Seminar Hamburg 1994)

Ratajczyk, Ulf, Die deutschen Baptisten im Dritten Reich unter Berücksichtigung der hessischen Verhältnisse (unveröffentlichte Magisterarbeit, Theologische Fakultät Marburg 1994)

Stiener, Elke, Die sogenannte „Judenfrage" und der deutsche Baptismus von 1933-1945 (unveröffentlichte Seminararbeit, Heidelberg 1994)

Materne, Ulrich / **Balders,** Günter (Hgg), Erlebt in der DDR, Berichte aus dem Bund Evangelisch-Freikirchlicher Gemeinden, Wuppertal / Kassel 1995

Sadlack, Hans-Volker, Baptistische Schuldbekenntnisse in Momentaufnahmen 1945/46, in: Die Gemeinde (1995), Nr. 29, S. 6

Jordan, Volker, Die „Christliche Versammlung" in Deutschland von den Anfängen bis 1945. Dargestellt unter besonderer Berücksichtigung politischer Einstellungen und der „Nichtbündler" unter dem Aspekt von Widerstand und Verfolgung (1937-1945) (unveröffentlichte Arbeit zum Hauptseminar: Widerstand in Deutschland 1933-45, Historisches Seminar der Universität Freiburg 1996)

Schilbach, Stephan, Baptisten im Dritten Reich (unveröffentlichte Hausarbeit im Rahmen der Ersten Staatsprüfung für das Lehramt, Philosophische Fakultät Universität Köln 1996)

Ritter, Heinz Adolf, Zur Geschichte der Freien evangelischen Gemeinden zwischen 1945 und 1995, Teil I. Wie die Gemeindeväter nach 1945 mit Schuld aus der NS-Diktatur umgegangen sind, in: Christsein Heute Forum Nr. 94/95, Witten 1996

Liese, Andreas, verboten – geduldet – verfolgt. Die nationalsozialistische Religionspolitik gegenüber der Brüderbewegung (Reihe Edition Wiedenest), Hammerbrücke 2002

Schuler, Ulrike, Die Evangelische Gemeinschaft. Missionarische Aufbrüche in gesellschaftspolitischen Umbrüchen (Reihe EmK-Studien, 1), Göttingen 1998 (Dissertation Bergische Universität Wuppertal 1997)

Liese, Andreas, verboten – geduldet – verfolgt. Die nationalsozialistische Religionspolitik gegenüber der Brüderbewegung, Hammerbrücke 2002

Hitzemann, Günter / **Strübind,** Andrea, Die Entstehungsgeschichte des Schuldbekenntnisses von 1984, in: Die Gemeinde (2003), Nr. 6-7, S. 10-13

Hitzemann, Günter / **Strübind,** Andrea, „Wir sehen uns in die Schuld unseres Volkes und unserer Bundesgemeinschaft verflochten". Zur Entstehungsgeschichte und Funktion des Schuldbekenntnisses von 1984, in: Zeitschrift für Theologie und Gemeinde 8 (2003), S. 306ff

Lichdi, Diether Götz, Die Mennoniten in Geschichte und Gegenwart. Von der Täuferbewegung zur weltweiten Freikirche, Weisenheim 2004

Jordan, Volker, Widerstand der Brüderbewegung im Dritten Reich, Nürnberg 2004

Arbeitsgemeinschaft „Geschichte der Freikirchen in Deutschland nach dem Zweiten Weltkrieg" im Verein für Freikirchenforschung, Forschungsberichte 2004/2005, in: Freikirchenforschung 14 (2004), S. 229-261; 15 (2005/06), S. 241-368; 16 (2007), S. 205-218

Voigt, Karl Heinz, Freikirchen in Deutschland (19. und 20. Jahrhundert) (Reihe KGE III/6), Leipzig 2004, S. 190-197

ders., Schuld und Versagen der Freikirchen im „Dritten Reich". Aufarbeitungsprozesse seit 1945, Frankfurt am Main 2005

Zabka, Andreas Peter, 60 Jahre nach Kriegsende, eine Predigt zu 2. Kor 5, 19-21, in: Zeitschrift für Theologie und Gemeinde 12 (2007), S. 304-308

Scheel, Matthias, Schuldverarbeitung und Schuldbekenntnisse der Freikirchen nach dem Dritten Reich, München 2010 (Diplomarbeit 2007, Theologische Hochschule Friedensau)

Green, Bernard / Baptist Historical Society of the Baptist Union of Great Britain (Hg), European Baptists and the Third Reich, Didcot 2008

Hartlapp, Johannes, Siebenten-Tags-Adventisten im Nationalsozialismus – unter Berücksichtigung der geschichtlichen und theologischen Entwicklung in Deutschland von 1875 bis 1950 (Reihe Kirche – Konfession – Religion, 53), Göttingen 2008

Leisten, Hans-Joachim, Wie alle anderen auch. Baptistengemeinden im Dritten Reich im Spiegel ihrer Festschriften, Hamburg 2010 (mit einem Anhang von Roland **Fleischer,** Judenchristliche Mitglieder in Baptistengemeinden im „Dritten Reich")

Heinz, Daniel (Hg), Freikirchen und Juden im „Dritten Reich". Instrumentalisierte Heilsge-schichte, antisemitische Vorurteile und verdrängte Schuld (Reihe Kirche – Konfession – Religion, 54), Göttingen 2011

Weyel, Hartmut, Evangelisch und frei. Geschichte des Bundes Freier evangelischer Gemeinden in Deutschland (Reihe Geschichte und Theologie der Freien evangelischen Gemeinden, 5.6), Witten 2013, S. 140-145

Zimmermann, Michael, Erinnerungen, Hammerbrücke 2013

Fleischer, Roland, Der Streit über den Weg der Baptisten im Nationalsozialismus. Jacob Köbberlings Auseinandersetzung mit Paul Schmidt zu Oxford 1937 und Velbert 1946 (Reihe Baptismus-Dokumentation, 4), Elstal/Norderstedt 2014

Assmann, Reinhard / **Liese,** Andreas (Hg), Unser Weg – Gottes Weg? Der Bund Evangelisch-Freikirchlicher Gemeinden in Deutschland – eine historische Bestandsaufnahme. Studientag Kassel 2014 (Baptismus-Dokumentation, 5), Hammerbrücke/Elstal 2015

Weyel, Hartmut, Anspruch braucht Widerspruch. Die Freien evangelischen Gemeinden vor und im „Dritten Reich", Witten 2016

Abkürzungsverzeichnis

AgCK   Arbeitsgemeinschaft Christlicher Kirchen in der DDR

AMG   Arbeitsgemeinschaft Mennonitischer Gemeinden in Deutschland

BEFG   Bund Evangelisch-Freikirchlicher Gemeinden

BfC   Bund freikirchlicher Christen

BFeG   Bund Freier evangelischer Gemeinden

BK   Bekennende Kirche

BWA   Baptist World Alliance (Baptistischer Weltbund)

DC   Deutsche Christen

EBF   European Baptist Federation (Europäische Baptistische Föderation)

EFG   Evangelisch-Freikirchliche Gemeinde

EKD   Evangelische Kirche in Deutschland

EmK   Evangelisch-methodistische Kirche

K.d.ö.R. Körperschaft des öffentlichen Rechts

KGE   Kirchengeschichte in Einzeldarstellungen

MV   Mühlheimer Verband

NS   Nationalsozialismus

NSDAP   Nationalsozialistische Deutsche Arbeiterpartei

ÖV   Ökumenische Versammlung

SZ   Semesterzeitschrift

VEF   Vereinigung Evangelischer Freikirchen in Deutschland

Baptismus-Dokumentation

Schriftenreihe
herausgegeben vom Oncken-Archiv des BEFG in Elstal
Editionen von Quellen und Materialien zur Geschichte des Baptismus und des BEFG

Band 1: **Armin Weist: Baptistische Archivalien aus den Gebieten östlich von Oder und Neiße in genealogischen und staatlichen Archiven**
Elstal/Norderstedt 2011, 79 Seiten, Paperback (Books on Demand), 2. Aufl. 2012
ISBN: 978-3-844-81208-4, Schutzgebühr 5,90 €

Band 2: **Marc Schneider: Die Diskussion im deutschen Baptismus um die 68er Bewegung**
Elstal/Norderstedt 2012, 84 Seiten, Paperback (Books on Demand), 2. Aufl. 2017
ISBN: 978-3-8482-2251-3, Schutzgebühr 5,90 €

Band 3: **Heinz Szobries: Schuldbekenntnisse aus dem Bund Ev.-Freikirchlicher Gemeinden und anderen Kirchen in Deutschland nach 1945.**
Zeugnisse von Schwachheit und Kraft beim Einstehen für die eigene Vergangenheit
Elstal/Norderstedt 2013, 128 Seiten, Paperback (Books on Demand), 2. Aufl. 2017
ISBN: 978-3-7322-9120-5, Schutzgebühr 6,90 €

Band 4: **Roland Fleischer: Der Streit über den Weg der Baptisten im Nationalsozialismus.**
Jacob Köbberlings Auseinandersetzung mit Paul Schmidt zu Oxford 1937 und Velbert 1946
Elstal/Norderstedt 2014, 172 Seiten, Paperback (Books on Demand), 2. Aufl. 2016
ISBN: 978-3-7357-8618-0, Schutzgebühr 8,90 €

Band 5: **Reinhard Assmann / Andreas Liese (Hg.): Unser Weg – Gottes Weg?**
Der Bund Evangelisch-Freikirchlicher Gemeinden in Deutschland – eine historische Bestandsaufnahme. Studientag Kassel 2014
jOTA Publikationen GmbH Hammerbrücke (Edition Forum Wiedenest) und Oncken-Archiv Elstal 2015, 170 Seiten, Paperback, ISBN: 978-3-935707-79-4, Bestell-Nummer (jOTA): 449.579, 11,95 €

Band 6: **Reinhard Assmann / Andreas Liese (Hg.): Vereint in Christus – (wieder)vereint im Bund.**
25 Jahre Zusammenschluss der beiden deutschen Bünde Evangelisch-Freikirchlicher Gemeinden – Akteure erinnern sich. Studientag Kassel 2015
jOTA Publikationen GmbH Hammerbrücke (Edition Forum Wiedenest) und Oncken-Archiv Elstal 2016, 210 Seiten, Paperback, ISBN: 978-3-935707-85-5, Bestell-Nummer (jOTA): 449.585, 12,95 €

Band 7: **Wilfried Weist / Reinhard Assmann: Dass das Wort des Herrn laufe und gepriesen werde.**
Die Schrifttumsarbeit im Bund Evangelisch-Freikirchlicher Gemeinden in der DDR
Elstal/Norderstedt 2017, 298 Seiten, Paperback (Books on Demand),
ISBN: 978-3-7448-4931-9, Schutzgebühr 14,95 €